Ramatis

Bajo la Luz del Espiritismo

Bajo la Luz del Espiritismo

Sob a Luz do Espiritismo

Ramatís / Hercílio Maes (1913-1993)

Traducion: Manuel Valverde

Título del original en portugués: ***Sob a Luz do Espiritismo*** ediciones en castellano: Instituto Hercílio Maes:

www.institutoherciliomaes.com.br

ISBN: 978-85-94114-15-0

Ramatis

Bajo la Luz del Espiritismo

Psicografiada por
Dr. Hercilio Maes
Versión española de
Manuel Valverde

Instituto
Hercílio Maes

Instituto
Hercílio Maes

www.institutohercilio maes.com.br

Index

ESCLARECIMIENTOS

Esta obra inédita de Ramatís se publica seis años después de haber desencarnado Hercilio Maes (1993), tras dar a conocer su último trabajo: ***El Evangelio a la Luz del Cosmos.***

Este libro póstumo está compuesto por capítulos psicografiados por Hercilio Maes para un futuro volumen que recibió de Ramatís, el título: ***Bajo la Luz del Espiritismo*** y por una introducción del Maestro, como así también por un prefacio asignado a J.T., seudónimo del famoso escritor brasileño desencarnado que, oportunamente, prologó ***Magia de Redención.***

Después de haber desencarnado el médium, no fue posible encontrar entre sus escritos, ni las "Palabras de Ramatís" ni el prefacio de J.T, ni los capítulos "Pena de Muerte", "Divorcio", "Toxicomanía", "Criogenia", "Incineración", "Muerte" y "Krishnamurti", que constaban en el índice general.

El material obtenido fue ordenado por el Dr. Breno Trautwein —médico y amigo de Hercilio, y revisor de anteriores obras suyas—, respetando la misma secuencia e interconexiones sugeridas por el índice.

Es oportuno mencionar que se agrega en la presente obra póstuma, el capítulo: "Buscad y Encontraréis", texto inédito encontrado entre los originales de Hercilio Maes.

Pese que faltan capítulos, todo lo restante justifica la publicación, por tratarse de instrucciones auténticas del Maestro Ramatís sobre temas de absoluta actualidad. El prefacio del Hermano Navarana (Mentor espiritual citado por Atanagildo en el libro *La Vida Más Allá de la Sepultura*), por fortuna, se encontró.

Evaluando las pérdidas y lo que fue posible rescatar, avalamos las palabras del Dr. Breno Trautwein: "Diremos que hubo más ganancias que pérdidas, a causa de la vigencia de los temas abordados".

En la oportunidad en que la Editora Conocimiento —de Limeira, San Pablo, Brasil— relanza bajo nueva y cuidada presentación las obras de Ramatís, aceptando finalmente traer a la luz la presente obra, tenemos la sensación de que el Maestro ha intervenido en forma directa para retomar en un momento muy especial el contacto cariñoso con sus millares de lectores.

Es un privilegio y una alegría participar con todos ellos, que hicieron posible la edición de esta nueva obra.

PREFACIO DE NAVARANA

Mis apreciados hermanos:

Ya no se duda más de que ahora llegaron los tiempos tan profetizados hace muchos milenios, a través de famosos videntes. Bajo la visión humana se puede verificar la indescriptible modificación que se opera en el seno de la humanidad. Una extraña sensación erótica parece dominar a todos los seres, por lo menos en su gran mayoría, haciéndolos vivir afligidos, insatisfechos y excesivamente ambiciosos, y por sobre todo, se ve en sus ojos un extraño temor por el futuro. Se invierten los valores más preciosos de la humanidad, transformándose en mensajes y realizaciones vulgares, todo lo cual recuerda las mediocres épocas del pasado. Hay en el aire un gusto pervertido. Un incesante epicureismo incentiva a los hombres hacia los placeres del instinto inferior, vulgarizando su inspiración, en contra de los sanos principios que elevan la vida humana.

La meta principal, en este momento, no es saber respecto del destino del alma después de su desencarnación y sí, cuál es la fórmula máxima para obtener la mejor y fructífera forma de experimentar la satisfacción del cuerpo físico.

El profetizado "Fin de los Tiempos" está ahí, bajo la visión de toda la humanidad entontecida, ¡que estigmatiza deliberadamente todas las enseñanzas de Jesús contenidas en su sublime Evangelio! Los hombres se dejan envolver por una gran ilusión, creyendo que Dios creó la tierra como un mundo exclusivo de posesiones ambiciosas y placeres inferiores. En realidad, se trata de un mundo de educación espiritual, donde espíritus inexpertos decantan sus áreas instintivas y deben ascender gradualmente a los niveles de "angelitud".

Mediante luchas, dolores, sufrimientos, estudios y experiencias alcanzarán la configuración del ángel, usufructuando el mérito de su propia consagración.

Alcanzamos un fin de ciclo en el esquema divino, donde habrá una selección de la humanidad, conforme al desempeño espiritual de cada uno en la tierra. Está aflorando una nueva civilización de naturaleza definitiva, pero sana en sus objetivos, plasmando un mundo nuevo basado en los preceptos de la ¡Bondad y del Amor!

Todos los equívocos, errores e injusticias cometidos, ahora deben ser eliminados para siempre del orbe terrestre. Resurgirá de a poco en el hombre terreno, la conciencia de una vivencia Divina y Superior, donde él deberá vivir. En ese despertar que el Espiritismo trazó, en la hora exacta, reviviendo el Evangelio, el derrotero seguro para todos nosotros. La obra de Allan Kardec se encuentra ahí, vigilante, señalando los caminos de la sana espiritualidad, Sus enseñanzas fueron elaboradas de modo comprensible para todos los hombres, generando de esa forma, mayor responsabilidad para aquellos que la tomaron a su cargo.

En esta obra *Bajo la Luz del Espiritismo*, Ramatís trató de exponer los asuntos más acentuados para el perjuicio espiritual, que se expande por todo el mundo, gracias a las irresponsabilidades de los hombres que, en un momento de insania, eligieron para su culto mórbido, los placeres más degradantes y vicios innobles. Allan Kardec, bajo la orientación de los Espíritus, alineó conceptos y orientaciones que atienden todas las necesidades espirituales y graduaciones humanas, advirtiendo y esclareciendo respecto de las prácticas pecaminosas y fijando responsabilidades de sus autores. Aprovechó toda sensatez y fidelidad crítica de la obra espiritista para fundamentar su texto, definir responsabilidades y obligaciones. Profundizó conceptos espirituales bajo la égida del gran codificador y de la inspiración divina del Amado Maestro, ¡Jesús Cristo!

Esta obra arroja nueva luz sobre los acontecimientos cotidianos, trazando un derrotero sano, definiendo las verdaderas manifestaciones y responsabilidades humanas y esclareciendo puntos y debates sin soluciones definitivas.

Ramatís puso su inteligencia y mansedumbre a disposición de nuestros hermanos angustiados y sufrientes que, en su mayoría, sólo consiguen comprender y solucionar sus problemas en forma desesperada, violenta y bajo peligrosa emoción incontrolable. El libro aborda las manifestaciones destructivas de la toxicomanía: comenta extensamente el suicidio, exponiendo y definiendo sus ángulos atroces después de la muerte del cuerpo carnal; se explaya sobre la naturaleza intrínseca del homosexualismo y del exorcismo, aportando lecciones para su comprensión por encima de todo, aclarando puntos que su fren interpretaciones de irresponsabilidad humana; pormenoriza las finalidades creativas y superiores del sexo, recordando que esta posición es pura negligencia por la gran falta de amor espiritual; señala en una profunda disertación que la eutanasia —la tradicional "muerte piadosa"— es un hecho censurable ante las leyes divinas y una condenable perturbación en el camino educativo de la criatura encarnada; aborda la incineración después de la muerte corporal; nos alivia sobremanera cuando examinamos el problema de la muerte, la encara como una puerta que se abre para la verdadera vida; elimina de nuestra mente el temor fúnebre y describe el proceso desencarnatorio como un cambio de departamento, dependiendo, es claro, de la tranquilidad o angustia del inquilino, conforme haya sido su vivencia anterior; da a la muerte un sentido de reencuentro con otras almas afines.

Ramatís profundiza conceptos y enfoca problemas a la luz del Espiritismo y nos traza bajo su irradiante belleza espiritual, nuevos caminos, nuevos ángulos; todos ellos nos conducen al perfeccionamiento espiritual y despiertan al hombre para que, conscientemente, asuma la responsabilidad de su conducta en la escala evolutiva.

Navarana

EL DOLOR HUMANO

***Pregunta:** En base a la Sabiduría y el Poder de Dios, ¿el dolor y el sufrimiento no podrían ser obviados como procesos morales de nuestra evolución espiritual?*

Ramatís: El dolor y el sufrimiento no son "determinaciones punitivas" impuestas por Dios, pero sí, consecuencias resultantes de la resistencia del ser a las leyes disciplinarias de su evolución. Si el hombre fuese abandonado a sí mismo, en lo concerniente a su perfeccionamiento espiritual, sería demasiado largo el camino para su perfeccionamiento y liberación a través de los ciclos reencarnatorios.

El dolor y el sufrimiento son técnicas pedagógicas para el apresuramiento del ser en su proceso evolutivo y también, como consecuencia de su equivocaciones en sus múltiples vidas. El dolor dinamiza las energías sutiles del que sufre, heredadas por el soplo divino, despertándole después, la rebelión inicial, el reflejo del porqué de su desdicha y conduciéndolo por medio de la razón y la fe hacia nuevos rumbos que, psicológicamente, lo aliviarán del sufrimiento. En síntesis, el padecimiento es una reacción previamente consentida, para atraer al eterno postulante hacia la senda de la evolución espiritual, por medio de nuevos conceptos religiosos, filosóficos y morales, los cuales le darán otro sentido de la vida.

***Pregunta:** ¿No habrá otro proceso de perfeccionamiento educacional, sin que llegue a las reacciones dolorosas?*

Ramatís: Durante el proceso de perfeccionamiento y expansión de su conciencia, el espíritu debe afrontar los problemas naturales del mundo donde actúa. Y esa lucha a través de la organización carnal provoca reacciones pacíficas o rebeldes, calmas o dolorosas, que sirven de aprendizaje en el campo de la vida eterna del espíritu.

Al hombre, en su etapa rudimentaria de su evolución, se lo puede comparar con el diamante bruto —espiritualmente hablando— pero para eliminar esa impureza y perder las aristas de los defectos anímicos y alcanzar la belleza radiante del brillante, precisa de la drasticidad del esmeril, del dolor y de la reacción de esa herramienta incomparable: el Tiempo.

En los mundos más evolucionados se usa la cobertura armoniosa del amor, traducido en servicio al prójimo.

Pregunta: Observando a las personas en sus conversaciones, advertimos que se complacen en relatar sus males, cirugías e infortunios, mostrando el acondicionamiento general del sufrimiento y hasta cierta aceptación. Ese estado, ¿no hace que el dolor pierda su efecto saludable?

Ramatís: Posiblemente, el origen de ese mórbido deleite se encuentre en el aspecto doctrinario de las sectas religiosas, que siempre consideran el dolor como castigo o expiación de los pecados, pues desconocen la función purificadora de los desvíos originados en la índole animal. Su función es despertar la luz angélica existente en la intimidad de la criatura. La leyenda del "castigo divino" o del "pecado original", por culpa de Adán y Eva —la primera pareja exiliada del Paraíso y responsable por el sufrimiento humano—, significa el exilio del espíritu sumergido en la materia, en busca del retorno a la conciencia divina.

En consecuencia, los católicos, protestantes, adventistas, salvacionistas y otras sectas religiosas consideran la tierra un "valle de lágrimas" o una penitencia del Espacio. Sin embargo, la tierra es una óptima escuela de educación primaria, destinada a perfeccionar el espíritu, en el camino de la Evolución. Aunque la humanidad haga del sufrimiento un melodrama vulgar, en verdad se trata de un bendito recurso de lo Alto para conducir al espíritu a la senda de su propia felicidad.

Pregunta: Mientras tanto, el dolor casi siempre abate el psiquismo, agota las energías, destruye sueños, placeres y mo-

mentos felices. Aun así, según se afirma, el dolor sería el mecanismo de nuestra redención. ¿Debemos amarlo y desearlo?

Ramatís: No nos cabe amarlo ni desearlo, por cuanto es el producto de nuestra falta de vigilancia, y puede decirse que en nuestro primitivismo no lo podemos evitar, sino soportarlo con resignación. Aunque el dolor y el sufrimiento parezcan un examen apresurado, desmentir la sabiduría divina no es justo, pues ha sido glorificada por las más nobles vivencias mesiánicas y realizaciones espirituales en el mundo. Muchas veces, las bellezas que nos embriagan los sentidos en la tierra son frutos del dolor y el sufrimiento de un artista como Beethoven, sordo; Chopin, tuberculoso; Schumann, perturbado mentalmente; y aun citaremos a Sócrates, Pablo de Tarso, Gandhi, sacrificados por el amor, la libertad y la paz humana.

Giordano Bruno, Savonarola, Miguel Servet, quemados por la verdad y expresión de la libertad de opinión. Francisco de Asís, glorificó la pobreza y Jesús transformó la cruz infame en uno de los símbolos de libertad espiritual.

Los brutos, coléricos, tiranos, pérfidos, corrompidos, corruptos y corruptores, criminales, como toda escoria social, tienen un dolor y lujuria corrosiva propios de los residuos animalescos, manchando el vestido periespiritual ante la luz divina interna. Por lo tanto, deben transformarlos en trajes nupciales que les permitan tomar parte en el banquete de paz y alegría, entre los espíritus superiores o puros.

Pregunta: El dolor ¿qué es, finalmente? ¿Podemos tener una idea más precisa de la acción oculta del dolor?

Ramatís: Todas las manifestaciones materiales son el resultado del electromagnetismo, que imanta, une o separa los cuerpos físicos y espirituales.

El dolor es el producto de ese desequilibrio electromagnético en la estructura del conjunto psicofísico humano.[1] Se asemeja a una sobrecarga que genera un cortocircuito o quema

[1] Todo depende de la forma como interpretemos el fenómeno del dolor; para unos, es el castigo de Dios por los pecados del hombre: para otros es un efecto kármico por las faltas cometidas en vidas pasadas: raros son los que aceptan el dolor como un proceso de ayuda a la evolución espiritual. En verdad es que sólo se manifiesta ante cualquier resistencia física, moral o espiritual que perturbe el sentido útil, respaldando la armonía de la Vida.

de componentes, que sucede en la red magnética o electrónica formadora del periespíritu y repercute en las regiones orgánicas más afines o vulnerables, perturbando la armonía energética. Sin duda, tiene origen en las alteraciones del psiquismo cuando es excitado o deprimido por las pasiones, vicios, sensaciones primarias o emociones descontroladas, que se expresa en la periferia del organismo. Son las expresiones psicosomáticas que fueron reconocidas por algunos médicos, sorprendidos ante los fenómenos observados.

En consecuencia, el dolor y el sufrimiento varían de acuerdo con el estado moral, intelectual y de conciencia de cada criatura. Están los afectados que hacen una escena tragicómica a causa de un simple resfrío; otros, sabiendo que tienen un cáncer incurable, se mantienen optimistas, tranquilos y confiados en su destino espiritual, sirviendo como ejemplo y resignación.

Pregunta:* *¿Cuál sería un ejemplo comparativo del dolor en su función rectificadora, por causa de cualquier infracción moral o espiritual del ser?

***Ramatís*:** Todo efecto es el resultado de una o varias causas y podríamos agregar, ante la inteligencia del Universo, que también tiene una finalidad. El dolor debe considerarse un bien en cualquier reino de la naturaleza, pero muchas veces es alejado de su interpretación, a causa de nuestras percepciones groseras.

Examinemos el reino mineral. El mármol sufre la acción del cincel y, de su estado bruto en la naturaleza, se transforma en una bella escultura. Lo mismo sucede con el diamante que, elaborado, se convierte en brillante valioso.

En el reino vegetal, más allá de las experiencias modernas, que parecen demostrar la sensibilidad de la planta cuando es agredida, aún podemos citar la semilla que, para dar a luz una planta nueva, necesita despojarse de la cobertura de la cáscara, por el dolor que le produce la putrefacción de la misma.

En cuanto al reino animal, observamos en las formas unicelulares la irritabilidad y el instinto de defensa ante las agresiones. Y en los pluricelulares —desde los espongiarios hasta los que poseen un sistema nervioso rudimentario y simple—; más tarde alcanza la más alta complejidad en el hombre que, además de la parte motora y sensitiva, tiene una red de funciones de la mente: inteligencia, pensamientos, juicios y sobre todo, estados de conciencia en sus más variadas expresiones.

Es en esa conciencia, en sus más variados niveles, que es patrimonio del espíritu en busca de la divinización. Son los pensamientos y los actos del espíritu los que determinan la mayor o menor intensidad de los dolores por los cuales ha de pasar, pues del equilibrio y la paz de la conciencia espiritual del ser resulta la estabilidad magnética o electrónica del periespíritu y del cuerpo físico. Parece ser el plano de Dios, la Armonía y el equilibrio perpetuo del Cosmos. Cualquier inestabilidad que se manifieste en el más mínimo fluir de la vida, requiere el inmediato reajuste, para no perturbar el Todo armónico.

Pregunta: ¿Cuál es la sensata noción espiritista sobre el dolor?

Ramatís: El Espiritismo contribuyó extraordinariamente para modificar el concepto erróneo del dolor como un acto punitivo de Dios, según el concepto que sostienen las religiones dogmáticas. Popularizando las enseñanzas ocultas de las antiguas cofradías iniciáticas, la doctrina espiritista definió el dolor y el sufrimiento como elementos beneficiosos que corrigen al espíritu desviado de la propia Ventura Espiritual. El sentido de castigo o punición se transformó, a la luz de los principios espiritistas, en un proceso de rectificación de un estado inferior hacia otro superior.

El dolor, definitivamente, es un proceso existente para todos los reinos, pero sólo es causado e incomoda en el reino animal, porque el humano tiene mayor sensibilidad a esa sensación desagradable. Sufre el niño que debe cumplir con sus obligaciones escolares, vagando y pensando durante las clases, en los entretenimientos que existen más allá, afuera del aula. Sufre el canceroso en el lecho; el que perdió todos sus bienes: la mujer despreciada por el novio o el esposo; sufre el animal atacado por la peste o quebrantado por un desastre. May mil formas de dolores y de reacciones, a causa de la resistencia que los seres ofrecen a este proceso doloroso, pero educativo.

Pregunta: ¿Podríais esclarecernos mejor la idea de que el

dolor existe en los reinos vegetal y animal pero que aparentemente no se lo siente?

Ramatís: Por no haber en esos reinos un órgano de vida de relación ni un aparato formador, se hace imposible para ellos manifestar desagrado.

Pero si lo analizamos bajo el aspecto de que todas las criaturas traen en sí el germen de su divino origen —tan bien percibido por Hermes en su proposición: "Lo que existe arriba es semejante a lo que existe abajo"—, incluso la materia inerte trae en forma distinta todas las propiedades, desde su nacimiento. Existe en ellos alguna esencia, cuyas manifestaciones tienen otros vínculos para cumplir en forma diferente y peculiar, al tenor vibratorio de cada entidad. Para extraer una enseñanza, reflexionemos en lo siguiente. Por qué el buen vino se obtiene de las uvas elaboradas bajo la prensa; la mejor harina se obtiene del trigo molido; la madera sufre la lija para quedar mejor presentada ante el pulimento y el brillante codiciado es causa de la transformación que elabora la mano del técnico. Siempre existe un proceso agresivo que genera una cuota de sacrificio. Esto sucede en cualquiera de los reinos, para el perfeccionamiento y cualidad de las cosas.

Pregunta: ¿En cualquier circunstancia el sufrimiento siempre es un proceso de purificación espiritual?

Ramatís: Dios crea a sus hijos en forma de núcleos o conciencias individuales, que se perfeccionan a través de las vidas sucesivas en los planetas y se convierten en criaturas conscientes en el Cosmos. Dios, en fin, es el "trasfondo" de todas las conciencias, cuyo divino misterio el hombre sólo podrá comprender después de liberarse definitivamente de las formas esclavizantes de la materia, para vivir en los mundos de conocimiento puro. A medida que el alma evoluciona, también pierde su personalidad, elimina la ilusión de la separación y se integra en la Conciencia Cósmica de la Creación.

Las virtudes, por lo tanto, comprenden los esfuerzos y realizaciones a favor del progreso espiritual, mientras los pecados significan todo aquello que retrasa el ascenso angélico. La Ley del Karma acicatea los espíritus retrasados en la senda de la Luz, pero la acción dolorosa y desagradable es necesaria para garantizar la aceleración del ritmo con miras a la ventura sideral. El dolor purifica, porque ese proceso hace que el espíritu concentre sus energías en el esfuerzo de resistir o manifestar la situación incómoda y desagrega o elimina la escoria, de su periespíritu.[2]

En otros pasajes de nuestras obras, recordamos que en los momentos "pecaminosos", el hombre usa sustancias mentales y astralinas inferiores, produciendo "residuos" o "tóxicos" que se incrustan en el periespíritu y forman la indumentaria de baja vibración, contraria a la vida angélica.

Después de la desencarnación, ese sedimento deberá drenarse en los charcos astrales inferiores o ser vertidos hacia el cuerpo carnal en una nueva reencarnación. Eso produce el sufrimiento de los estados enfermizos, porque se trata de un proceso purgativo, de limpieza del periespíritu oscurecido por las energías brutas incorporadas en las vidas anteriores. Los pantanos astralinos funcionan como estaciones terapéuticas, absorbiendo la carga tóxica de la vestimenta periespiritual, así como el cuerpo físico actúa en forma de una esponja o secante vivo, absorbiendo los fluidos nocivos.

Pregunta: Por ventura, ¿existe algún pasaje en la vida de Jesús, que se refiera a la purificación del periespíritu para alcanzar el cielo?

Ramatís: Además, tal como lo enseña la religión católica, "la tierra es un valle de lágrimas" y Jesús se refiere a ese acontecimiento en la parábola donde el hombre debe vestir la túnica nupcial, para tomar parte en el banquete del Rey, cuando este dice al intruso: "Amigo, ¿cómo entraste aquí sin tener el vestido nupcial? Atadle de pies y manos y arrojadlo a las tinieblas exteriores; allá donde existe el llanto y el rechinar de los dientes" (Mateo 22, 1-14; Lucas 14, 16-24). En verdad, en la enseñanza oculta, significa que la túnica nupcial es el periespíritu, cuya pureza permitirá al espíritu participar definitivamente en el ban-

[2] Algunos espiritistas incurren en el equívoco de considerar el dolor como un proceso de evolución, cuando sólo apenas rectifica o purifica. La evolución o ascenso espiritual se hace a través del estudio, de la enseñanza y del servicio a los demás, desinteresadamente. Cuando el hombre sufre es porque "se desvió" de la senda evolutiva y tomó los atajos censurables, llenos de lágrimas, donde las almas se lavan y purifican sus trajes periespirituales para después participar de las nupcias en el Cielo.

quete celestial. En caso contrario, tendrá que lavarlo en el tanque de las lágrimas purificadoras del mundo carnal o arrojarlo a las "tinieblas exteriores", para pasar por el sufrimiento rectificador donde se provoca "el llanto y el rechinar de los dientes".

El dolor quiebra la rudeza y humilla el orgullo de la personalidad humana; obliga al espíritu a centrarse en sí mismo y tratar de comprender la causa del sufrimiento. En la introspección dolorosa por la ansiedad de resolver su problema aflictivo, tiene que reconocer la precariedad, la presunción y la vanidad de su figura transitoria en el mundo de las formas.

Así como el calor ayuda a eliminar las grasas o el fuego apura la fusión del hierro para alcanzar la aleación y temperatura del acero, el dolor es como la energía que calienta la intimidad del espíritu y lo ayuda a volatilizar las adherencias indeseables de su periespíritu o de la "túnica nupcial" de la parábola del Maestro Jesús. Es un proceso con característica de "lavaje" o "limpieza" en el tanque de lágrimas donde la acción es beneficiosa por la causticidad del dolor.[3]

Pregunta: ¿Nos podríais dar una idea del dolor y por qué no se lo siente en el caso de los reinos vegetal y mineral?

Ramatís: El mineral y el vegetal no acusan el resultado del sufrimiento, como sucede en la esfera humana, llamado dolor, porque les falta la organización sensitiva de raciocinio y el sentimiento de los animales superiores, para registrar los acontecimientos desagradables. El buen vino es el resultado de la elaboración de la uva triturada; la mejor harina proviene del trigo molido; el brillante es el fruto del carbono desgastado implacablemente por los artesanos; la madera pulida ha sufrido el impacto vigoroso de la lija. Siempre existe una "cuota de sacrificio" en cualquier reino de la naturaleza, cuando las cosas se perfeccionan para adquirir una mejor cualidad y utilidad.

Pregunta: ¿Cómo se producen las enfermedades debido al "descenso" de los residuos tóxicos, desde el periespíritu hacia el cuerpo carnal?

Ramatís: Reiteramos que el cuerpo físico es como un "se-

[3] Ver el capítulo "La Importancia del Dolor en la Evolución Espiritual", de la obra *Fisiología del Alma*, de Ramatís.

cante" o esponja viva que absorbe los fluidos deletéreos o morbo invisible del periespíritu para la carne, y después de la muerte, se dispersa en la tierra del cementerio, a través de la descomposición cadavérica. El proceso de limpiar de la escoria inferior el periespíritu es irregular, y por tener una contextura muy delicada, produce dolores, sufrimientos y enfermedades físicas.

Evidentemente, la carga tóxica o morbo psíquico incrustado en el periespíritu, sólo se desagrega por la concentración de las fuerzas del propio espíritu, sobre la base del "dolor-sufrimiento" y fluye por la atracción natural y magnética del cuerpo físico. En ese fluir hacia la carne, perturba el buen funcionamiento de los "chakras" del doble etérico, ocasionando desequilibrio en la distribución de la energía vital y provocando manifestaciones enfermizas. Después, el fluido tóxico en el periespíritu alcanza el sistema nervioso y se infiltra por las glándulas endocrinas, afectando el sistema linfático y se desplaza por la circulación sanguínea, produciendo la proliferación microbiana o las lesiones orgánicas que dan como resultado las molestias diversas.

Es fácil de entender que las toxinas provenientes del psiquismo mórbido, se diseminen por todo el organismo hasta encontrar los puntos más vulnerables, previamente determinados por el karma; trasfondo de las predisposiciones biológicas.

En ese caso, la familia consanguínea no es simplemente un grupo de personas portadoras de herencia genética semejante, sino y sobre todo, una reunión de espíritus ligados por el amor o por el odio, o bien por rescates grupales, pero en grados diferentes de compromisos con la ley del amor y servicio. Eso explica ciertas enfermedades hereditarias, como por ejemplo la Psicosis Maníaco-Depresiva, cuyo origen genético es considerado por algunos estudiosos de renombre, como de herencia autosómica dominante de pequeña penetración, para explicar que, en los casos en que uno de los cónyuges sea portador de la enfermedad, hay una probabilidad de que un veinticinco por ciento de la prole sea de enfermos de lo mismo, y cuando son portadores, la escala sube al cincuenta por ciento, más allá de los antecedentes mórbidos familiares.

Por lo tanto, aunque determinada familia sea portadora de los genes de la enfermedad, esta sólo se manifestará en los deudores ante la ley. Como otro ejemplo, podríamos citar el caso de riñones deficientes, de alta letalidad, cuya incidencia no alcanza al ciento por ciento. Y la explicación es simple; los familiares de ese conjunto que eviten tóxicos, condimentos y sustancias nocivas que dañan incluso los riñones sanos y se comporten con una vida moral y evangelizada, podrán alcanzar la vejez sin pensar en muerte prematura a causa de deficiencia renal. Mientras tanto, los demás miembros de la familia sufrirán las consecuencias funestas y vulnerables de la herencia renal, si descuidan la salud física, abandonando las dietas beneficiosas, y caen bajo el bombardeo de los descontroles mentales y emotivos celos, egoísmo, cólera, envidia, maldad, locura, maledicencia o brutalidad. El karma propone y el libre albedrío de cada uno puede modificarlo o cumplirlo.

***Pregunta:** ¿Nos podríais explicar iodo eso detalladamente?*

***Ramatís**:* Conforme con el tipo de falta cometida por el hombre, se producen residuos o escorias fluídicas características que, al descender hacia el cuerpo físico, causan determinadas molestias en los órganos más vulnerables. Cada actitud mental perniciosa en consonancia con los sentimientos inferiores, genera una especie de fluido nocivo que se irá a fijar en el periespíritu, obedeciendo la Ley de Causa y Efecto.

En consecuencia, los malos fluidos resultantes de las emociones negativas o deprimentes, generadoras de actos contrarios a las leyes universales, producen efectos degradantes en los órganos o sistemas del cuerpo humano.

Además, el hombre es un espíritu con encarnaciones anteriores, trayendo una carga, más o menos densa de escorias adheridas a su periespíritu, por los errores cometidos en el pasado. De ese modo, sus molestias en la existencia actual serán tan graves, intensas y mortíferas según sea el volumen de carga deletérea producida por su imprudencia, y precisará expurgarla mediante el "secante o esponja" viva que es el cuerpo humano.

***Pregunta:** Perdonad la insistencia, ¿nos podríais detallar mejor ese proceso?*

***Ramatís**:* La configuración carnal de los familiares humanos es frágil cobertura de las "conciencias espirituales" diferentes entre sí; por eso, las enfermedades varían según las culpas o virtudes de cada uno.

Un ejemplo rudimentario: tres gemelos, cuya deficiencia biológica hereditaria son los riñones. Aunque los tres sean alcanzados por la enfermedad en los riñones, inexplicablemente, uno desencarna de tuberculosis renal, el otro de cáncer renal y el último del mal de Bright o nefritis crónica. Fueron molestias distintas, porque era diferente el tipo de fluido enfermizo existente en el periespíritu de cada uno.

No obstante, si en vez de ser en los riñones la vulnerabilidad biológica hereditaria de los tres gemelos, fuese en la piel o en los pulmones, entonces el primero desencarnaría de tuberculosis en la piel o en los pulmones; el segundo de cáncer de piel o en los pulmones y el tercero, de enfisema pulmonar.

***Pregunta:** ¿Cuál es el mecanismo que le posibilita a esa carga fluídica mórbida, accionar directamente en la carne y causar la enfermedad?*

***Ramatís**:* El cuerpo humano es un conjunto de células y también es un hospedaje de microorganismos, como protozoarios, bacterias y virus de las más variadas especies, que conviven armoniosamente hasta que surja el desequilibrio; es ahí cuando la debilidad o desequilibrio del órgano o sistema permite la proliferación desordenada de esos gérmenes o de las propias células, conforme con el fluido pernicioso en el periespíritu que, al pasar por la constitución orgánica, ocasionará una u otra enfermedad. Muchas veces, hay una confluencia de toxinas de grados diferentes de morbidez, resultando los variados síntomas y señales.

***Pregunta:** ¿Quiere decir que la enfermedad de un órgano o de un sistema del cuerpo humano varía conforme con la naturaleza del fluido producido por determinada acción?*

***Ramatís**:* Cada trasgresión genera un tipo de fluido específico y cada fluido maléfico produce un tipo de enfermedad o perturbación peculiar. En consecuencia, el defecto preponderante en la criatura, sea envidiosa, orgullosa, avarienta, odiosa, celosa, etc., es el causante de la mayor cantidad de fluidos mórbidos adheridos al periespíritu y responsable por la molestia o perturbación psíquica. La enfermedad, en ese caso, varía conforme con el tipo, y la virulencia será según la cantidad de cargas nocivas dominantes en el periespíritu.

***Pregunta:** ¿Cuál es el mecanismo del Karma que permite al espíritu rectificarse de sus errores del pasado? ¿Es a través de la enfermedad?*

Ramatís: El hombre es el producto exacto de su pensamiento; y a "cada uno le será dado según sus obras". Lo que el espíritu alimenta y vive en su psiquismo, lo materializa en el cuerpo y en el escenario del mundo. Las virtudes evangélicas proporcionan la estabilidad mental y emotiva, asegurando el equilibrio de las colectividades microbianas del cuerpo físico, y lógicamente, manteniendo la salud. Los crímenes y vicios, a su vez, perturban y bombardean la contextura de la carne, obedeciendo a la desarmonía que provoca la enfermedad.

Por eso, dentro del concepto kármico, se sabe que "la siembra es libre, pero la cosecha obligatoria". El espíritu vivirá en el futuro, conforme con la naturaleza de su vida en el presente. A través de la ciencia del Karma, es el propio espíritu el que moviliza las fuerzas rectificadoras de sus equivocaciones o prejuicios. En verdad, la Ley funciona en forma equitativa, pues el espíritu ególatra, aislado de la humanidad, tendrá en su vida futura, una enfermedad que lo apartará de la convivencia con la humanidad, debido al peligro de contagio.

De ahí el porqué de que las enfermedades crónicas y cancerígenas no encuentran la medicación adecuada, cuyos únicos antídotos que conocemos actualmente es la inversión de sus polos negativos bajo la fuerza del Amor y el medicamento de la oración. Con frecuencia, criaturas buenísimas mueren de cáncer, sorprendiendo al mundo por esa anormalidad, aparentemente censurable delante de la Justicia Divina; no obstante, se trata de personas que, deliberadamente, adoptaron la terapéutica del amor y la bondad, a fin de superar los delitos generados por el odio, venganza o crueldad en el remoto pasado. En cuanto liberan hacia la carne los fluidos indeseables, destructores y cancerígenos, se recuperan, al transformar el odio en amor y la crueldad en bondad.

Pregunta: En consecuencia, ¿el estado del espíritu del enfermo puede agravar o aliviar el padecimiento de su molestia?

Ramatís: Justo, porque existe íntima relación entre la enfermedad y la naturaleza física de la criatura, que es lo que se observa en ciertos tipos de enfermos: un círculo vicioso que los mantiene en continua perturbación. Así es que innumerables enfermos sufren crisis muy graves o sensibles mejoras, conforme con su actitud mental y emotiva durante la enfermedad. Cuando se irritan, incomodan o afligen, también se agrava la enfermedad o molestia; crece el tenor de azúcar en la orina de los diabéticos, se aceleran las funciones de las tiroides, se agrava la dipnea de los asmáticos o proliferan las eczemas. Diversas criaturas tienen la piel cubierta de urticaria después de ser injuriadas; otras; ante el menor inconveniente —viajes inesperados, exámenes escolares o inseguridad en los negocios— son atacadas de diarrea y dolores abdominales de origen neurovegetativo.

Pregunta: La intensidad de las molestias o enfermedades puede depender de la resistencia biológica de cada criatura, aun considerando la virulencia de los venenos psíquicos accionando en el periespíritu, ¿no es verdad?

Ramatís: Sin duda, tanto varía la resistencia biológica y hereditaria de cada ser, como también varía su fuerza mental. Las criaturas mentales o espiritualmente vigorosas superan con bastante eficiencia los electos de las enfermedades, pues son más resistentes a las toxinas psíquicas, en su circulación.

De acuerdo con la Ley del Karma, tan familiar a los espiritistas, se dice "que a cada uno le será dado según sus obras". Por lo tanto, la Ley da a cierto hombre un organismo vigoroso contra los descontroles censurables de la mente, y a otro, un cuerpo débil que se abate ante el primer síntoma de violencia mental o emotiva.

Además, hay criaturas tan resignadas y optimistas, que aun ante los diagnósticos más graves, mantienen un nivel mental de confianza en el Creador y consiguen superar las enfermedades graves. Presentan en lo íntimo de su alma, la necesidad espiritual de someterse a esas pruebas; entonces, la resignación y el buen ánimo les suavizan el impacto de la enfermedad.

Al contrarío, criaturas espiritualmente débiles, agravan los síntomas enfermizos, pues inventan una bronconeumonía donde existe un ligero resfrío, o transforman la inofensiva verruga en cáncer, y en la dispepsia común descubren la úlcera gástrica. La mente pesimista es campo favorable para las fuerzas negativas, pues aumenta la actividad de los fluidos perjudiciales.

Pregunta: Un individuo enfermo, ¿puede aliviar o reducir la amargura psíquica, siempre que trate de mantener un estado de optimismo consciente?

Ramatís: Jesús dijo: "Bienaventurados los que sufren resignados, porque de ellos es el reino de los cielos". Realmente, el espíritu, al aceptar su sufrimiento como oportunidad de purificación espiritual, al ajustarse a la bienaventuranza de la resignación, eleva su "quantum" de luz interior y vaporiza gran parte de los venenos adheridos al periespíritu. Los expurga hacia el medio ambiente, en un proceso de sublimación psíquica, en vez de decantarlos hacia la carne mortificada. Además, evita el crecimiento o aumento de nuevos fluidos nocivos.

Todos los agentes enfermizos del mundo psíquico, como gérmenes, bacilos, virus, elementales o toxinas agresivas, no resisten la fuerza desintegradora de la luz íntima, cuando el espíritu comienza a elevarse. Esa es la causa de por qué ciertas criaturas permanecen inmunes, aun cuando actúan en medio de las enfermedades epidémicas o contagiosas, pues eliminaron gran parte del morbo psíquico que las opacaba y hacía más denso el periespíritu.

Pregunta: Si el dolor es proceso valioso en la evolución del espíritu, saneando y purificando el periespíritu, ¿no sería mejor evitar o disminuir el dolor, y curar las molestias directamente ocasionadas por los expurgos psíquicos?

Ramatís: Puesto que el sufrimiento y el dolor son el resultado del desequilibrio moral o del mal uso de los derechos espirituales, es obvio que sólo el reajuste espiritual los podrá eliminar definitivamente. El dolor físico o moral también se manifiesta como una advertencia o como correctivo, para mantener la vida y garantizar el normal funcionamiento del cuerpo humano, a fin de que el espíritu descontrolado no se aniquile por el exceso de sus desmanes. En su función moral, el dolor es la brújula de seguridad biológica y psíquica, señala la frontera peligrosa que no debe traspasarse e invita al imprudente a reajustarse, retomando el camino seguro del deber.

Cuando la humanidad se encuentre evangelizada, desde ya que el dolor no existirá en la tierra a partir de la perfección de la convivencia entre todos los seres y del dominio de los fenómenos del mundo material. Por lo tanto, más importante que los recursos terapéuticos del hombre, de controlar todo respecto de las actividades materiales y los estados espirituales, que ocasionan el dolor y el sufrimiento, es la medida en que la criatura asuma actitudes superiores. Cuando controle la codicia y el egoísmo y suavice las explosiones violentas del instinto inferior, también contribuirá a que desaparezca la causa que le hace sufrir.

Además, la Ciencia Médica, como responsable por la salud humana, es fruto de la sabia inspiración de lo Alto. Su misión es atender al hombre de acuerdo con sus necesidades biológicas de adaptación en el medio en que vive, aliviándole los dolores cruciales, dándole momentos de paz y esperanza y, la vez, prolongándole la vida, tanto como le sea posible. Aun cuando no consiga la cura deseada, el médico siempre es la protección para que el enfermo se mantenga vivo, liberándolo del suicidio y de la muerte prematura con las consiguientes complicaciones inesperadas.

Debe atender las deficiencias cardíacas, hepáticas o renales y proporcionar temporadas de alivio, ayudando a crear nuevas fuerzas y algún bienestar momentáneo en el trance angustiante del enfermo. Gracias a los médicos y a las instituciones terapéuticas del mundo, muchas veces los enfermos se restablecen, después de la condena implacable que les amenazaba, sorprendiendo por la recuperación milagrosa, con un saludable final. Al pagar la pena, el criminal es liberado.

Pregunta: Considerando que los pecados son causantes de los fluidos perniciosos para la salud humana, ¿qué corresponde decir de las virtudes?

Ramatís: Sin duda, las virtudes, como estado de espíritu opuesto a los que producen vicios, son productoras de fluidos sanos que benefician a la persona. Es la más eficiente terapéutica para la cura del alma, pues su elevada frecuencia vibratoria vaporiza los fluidos perjudiciales localizados en el periespíritu como consecuencia de las transgresiones.

De allí la sabiduría de Jesús, el Médico de las Almas, cuando exaltaba la resignación, la humildad, el pacifismo y la renuncia como estados de espíritus que conducen a la bienaventuranza eterna. El cultivo de las virtudes evangélicas es garantía de salud, pues la mente tranquila y satisfecha con los bienes de la vida es como el cielo azul iluminando la armonía sublime de la naturaleza. Mientras que la mente bombardeada por la cólera, ira o codicia, recuerda a las noches tempestuosas saturadas de relámpagos y truenos, sembrando el desorden y el miedo.

Por eso, la mansedumbre, la ternura, el amor y la bondad tienen sus símbolos equivalente en mansos e inofensivos animales y aves —la oveja y la paloma—, y en la exquisita expresión de las flores humildes, como la violeta.

Jesús recomendaba el Evangelio como sublime tratado de Medicina espiritual, pues sus enseñanzas eran remedios potentísimos. Además de "curar" al delincuente, lo ayuda a volatilizar los malos fluidos que le oscurecen su periespíritu. Para las "enfermedades" del orgullo, el odio, la avaricia, la maldad, el egoísmo, la cólera o la codicia, aconsejaban la medicación infalible de la humildad, el amor, la filantropía, el altruismo, la mansedumbre, la bondad y la renuncia. Es la verdadera medicina espiritual y preventiva que, usada a tiempo, evita lesiones, atrofias y cicatrices provenientes del expurgo drástico y mórbido en el proceso de purificación espiritual.

Pregunta: ¿Cómo se proçesa la indeseable adherencia de residuos degradantes en el periespíritu, producidos por pensamientos culposos?

Ramatís: A manera de ejemplo, aunque deficiente, podríamos considerar la naturaleza normal del periespíritu, en su parte exterior, como un vestido confeccionado con seda, blanco e incluso transparente por la luz que se proyecta desde el interior. A medida que se purifica en su ascenso angélico, ese vestido periespiritual se vuelve más fino y traslúcido, pues deja pasar la luz del espíritu con más intensidad, la cual se descompone en un arco iris de colores y tonos muy claros, como son el verde seda, azul celeste, amarillo dorado con franjas rosadas y violeta topacio. Todo lo contrario sucede con la conducta indisciplinada, que ensucia el tejido periespiritual con manchas aceitosas, lo ennegrece y obstruye la luz, tornando oscuros esos colores, además de espesarse y poseer olor; predominan el color rojizo sanguíneo, el amarillo cadavérico, el verde pizarra, el azul sucio o el violáceo de la mortaja.

Entonces el periespíritu se pone denso, deforme e impermeable a las providencias sanadoras del espíritu. Esa carga deletérea debe eliminarse de la contextura periespiritual, porque es mortificante en la vida del Más Allá y causa afecciones y padecimientos horribles cuando está muy sobrecargada. Conforme a su intensidad y filtración en el tejido sutil del periespíritu, es necesario aplicar providencias dolorosas y terapéuticas muy fuertes para aliviar al espíritu sufriente por los dolores atroces. Es un morbo psíquico, insidioso y tóxico, que debe expurgarse drásticamente, a fin de evitar una atrofia completa y grave en la tesitura periespiritual delicada.

Pregunta: ¿Cómo se hace esa expurgación?

Ramatís: Hay dos formas de expurgar los venenos incrustados y hasta petrificados en el periespíritu enfermo; a través de la reencarnación del espíritu en ese estado, o la terapéutica de los charcos del astral inferior. En el primer caso, los residuos psíquicos venenosos, provenientes de las energías mórbidas, que se condensan desde el período gestativo en el cuerpo físico y continúan a medida que crece. El organismo, en la forma de un secante o esponja viva, absorbe y expurga del periespíritu durante la encarnación drenadora, hasta que desencarne con la consecuente desintegración de los venenos periespirituales y mentales, en el seno de la tierra. De esa forma, las energías groseras producidas por la mente a través de los pensamientos censurables y emociones descontroladas, son devueltas a la fuente inferior del bajo astral, a través del cuerpo carnal que obra como verdadero "hilo a tierra". Entonces, el psicosoma "sucio" de sustancias indeseables e inferior, canta loas y hosannas al

Señor, después de la muerte física, como el pájaro que, después de dolorosos esfuerzos, se libera del pantano donde cayó por su imprudencia. Por eso es común en las sesiones espiritistas, que se eleven cánticos hermosos hacia Dios, en agradecimiento por la ventura que pasan a disfrutar, después de la "limpieza drástica" del cuerpo astral.

Pregunta: ¿Podéis ser específico respecto del segundo proceso de limpieza periespiritual?

Ramatís: —Dijo Jesús: "Los humildes serán exaltados y los que se exalten, serán humillados". Traducido para vuestro entendimiento actual y científico es así: "Los periespíritus muy densos, sobrecargados de tóxicos y residuos, provenientes de la exaltación del orgullo, odio, despotismo, perversidad, vanidad o cólera, serán humillados" en la caída específica hacia los pantanos y charcos astrales del mundo inferior, después de la salida de la tumba. Los seres humildes, mansos de corazón, compasivos, tolerantes y cariñosos, serán "exaltados" al dejar el cuerpo físico, cuyo periespíritu translúcido se eleva a las regiones superiores, debido a su poca densidad magnética.

Los hombres muy sobrecargados de residuos venenosos, parten del cuerpo físico sin poder alcanzar el vuelo hacia las esferas superiores, y caen en los charcos astrales, para sufrir la necesaria limpieza y aliviar el exceso de peso. En la ley homeopática, donde los semejantes atraen a los semejantes, los espíritus sufrientes por causa de la viscosidad de las sustancias tóxicas incorporadas en sus momentos de "poca vigilancia", cuando incursionan en el odio, celos, envidia, lujuria, codicia, avaricia o tiranía, son aliviados por su absorción en los charcos del astral inferior. En verdad, el proceso de "absorción" o "succión" que el lodo astralino ejerce en el periespíritu de los infelices "réprobos", francamente es atroz y enloquecedor. El expurgo hecho de adentro hacia fuera, es una acción cáustica y ardiente que produce verdaderas carbonizaciones, no obstante, aumentan la densidad de los charcos terapéuticos en su densidad, producto de la materia corrompida, expelida por los condenados a ese proceso depurador.

De ahí, la idea tan arraigada en los hombres, de la existencia del "infierno", con su fuego purificador y los tormentos de agua y aceite hirviendo. En verdad, es una verdadera "purga" provocada por los charcos nauseabundos y de sensaciones muy atroces, similares a las quemaduras profundas.

Pregunta: *¿Qué le sucede a esos espíritus enfermos, después de la limpieza o purificación mediante la terapéutica descripta?*

Ramatís: La duración del proceso de ese expurgo tiene que ver con la naturaleza —voluminosa o reducida— de la carga adherida al ser. Hay espíritus que expurgan sus residuos tóxicos, en algunos meses del calendario terreno; otros, insumen tanto tiempo que les parece una condena eterna en las llamas purificadoras del infierno. Los más esclarecidos, a pesar de ser retrógrados, facilitan su rápida expurgación pues se ayudan con la plegaria y de esa forma, dinamizan sus energías mentales y espirituales, acelerando el proceso de limpieza.

Así como la limpieza de la lámpara proporciona mayor proyección de luz hacia el exterior, el esfuerzo de la oración unido a la succión constante del lodo absorbente de los charcos, también limpia la tesitura del periespíritu y favorece la expansión de la llama divina que subyace en la intimidad del alma. Esa creciente luminosidad permite a los espíritus socorristas, que vigilan las márgenes de los charcos del astral, identificar a los infelices que se encuentran en condición de ser rescatados para el tratamiento final en las enfermerías de las colonias espirituales, de modo que después puedan retornar nuevamente a las reencarnaciones de progreso espiritual.

Pregunta: *¿Qué sucede con los espíritus demasiado sobrecargados de tóxicos, que no pueden verter su contenido mental deletéreo en esos charcos?*

Ramatís: Cuando hay peligro de "petrificación" de la escoria adherida al periespíritu de las almas embrutecidas por el exceso de satisfacciones animales, existe el recurso espiritual del "fuego etérico" o "fuego purificador" suministrado por los técnicos del Señor. Ese procedimiento les quema el exceso de la costra petrificada en la mentalización y materialización de los crímenes, odios, crueldades, tiranías y violencia que ejercieron en las vidas físicas, que les aviva aún más el proceso en el astral, sobre la idea del infierno. Además, por qué extrañaros, si vosotros ahí en la tierra, ¿no usáis procesos drásticos e incómodos para desintoxicar el cuerpo físico, como es el "baño turco" o el "sauna", a fin de ayudar a que las toxinas sean expulsadas?

Esos seres retrasados en la trayectoria evolutiva, sufren la acción beneficiosa del fuego etéreo en su periespíritu, compactado por las sustancias petrificadas, logrando, de esa manera, volatilizarlas y proporcionar alivio a sus dolores y ansiedades.

Pregunta: ¿Qué contribución ofrece el Espiritismo en esa situación dolorosa, a las almas pecadoras y moradores de ese astral inferior?

Ramatís: El Espiritismo es doctrina para los seres vivos de la tierra y no para los muertos, así lo juzgan los espiritistas más esclarecidos.

Su papel es sanear la mente humana y evitar que el hombre peque, así no sufre después los tormentos en el Más Allá.

Es mucho más sensato y provechoso adoctrinar a los encarnados, para que no sufran después de la muerte, que enseñar el camino a los espíritus perturbados, después de la desencarnación.

Cada hombre renovado a la luz del Espiritismo y del Evangelio de Jesús, es un peso menos para los trabajos mediúmnicos espiritistas. Y, en consecuencia, una víctima menos de los charcos purgatoriales del Más Allá de la tumba.

LOS FENÓMENOS FÍSICOS

Pregunta: ***El Espiritismo, conforme con las directrices establecidas por Allan Kardec, es doctrina que desarrolla al hombre en su orden interno, ¿no es verdad? Entonces, ¿es lógico y conveniente que se preocupe por la fenomenología de la materia?***

Ramatís: El Espiritismo, al proclamarse como Cristianismo Reactivado y haciendo suyo el dicho de Jesús: "Mi reino no es de este mundo", pone de manifiesto que es doctrina codificada, en el sentido de promover el perfeccionamiento espiritual del hombre. Por eso, trata de no promover liturgias, ritos, compromisos religiosos, clero organizado, ídolos, símbolos u ofrendas, porque su objetivo principal es despertar el espíritu humano, para liberarlo del mundo transitorio de las formas materiales.

Pregunta: Sería razonable que el Espiritismo regulara los llamados trabajos de "fenómenos físicos", pues algunos renombrados espiritistas dicen que se trata de manifestaciones mediúmnicas de orden inferior. ¿Es así?

Ramatís: La manifestación de los espíritus en la tierra, se procesa de acuerdo con el tipo de mediumnidad de que disponen los grupos intermediarios. El intercambio del mundo invisible con el mundo material se realiza conforme con las posibilidades encontradas. Puede darse tanto gracias al médium inspirado como al de fenómenos físicos. Los espíritus que quieren comunicarse con los encarnados, cuando las condiciones lo permiten, prefieren más a los médium de fenómenos físicos, pues de esa forma demuestran las características que poseían en el mundo terrenal. Los médium intuitivos, por ejemplo, sólo consiguen demostrar algo del carácter, el temperamento o la moral de los comunicantes.

Para el aspecto científico del Espiritismo, es necesario probar los fenómenos de intercambios procesados por los desencarnados. En consecuencia, la mediumnidad de fenómenos físicos también debe estudiarse y experimentarse, pues en el futuro, esa facultad será más científica, y de su progreso resultará la pronta comprobación del espíritu Inmortal, como medio de testimoniar la realidad de la vida fuera de la materia.

Pregunta: ¿Por qué causa ciertos espiritistas consideran los trabajos de fenómenos físicos como manifestaciones del astral inferior?

Ramatís: Esos espiritistas olvidan que la dirección directa o indirecta de los mundos posibles, pertenece a los espíritus puros, pues ni ellos en su pureza, pueden transgredir las leyes reguladoras de esos universos. Así como el Sol no puede mover el vaso de barro, las entidades de elevado nivel espiritual no pueden interferir directamente en el mundo físico de las energías primarias. En consecuencia, se necesita el concurso de agentes apropiados para corresponder a las diversas operaciones de los encarnados, conforme con la graduación espiritual de cada uno.

Los trabajos mediúmnicos de fenómenos físicos se producen o efectúan en los límites entre el mundo espiritual y físico, pues donde termina la energía "etéreo-astralina", allá principia el dominio de las fuerzas materiales. Los médium de ese género de trabajo son criaturas adrede preparadas para usar los fluidos del éter-físico de la tierra y del mundo astral. Además de la combinación con los fluidos del médium, está el manejo sobre el ectoplasma sensible, de acuerdo con la voluntad de los desencarnados, creando cuerpos o dándoles movimientos. Aunque los principales operadores son los espíritus, sin embargo, necesitan apoyarse en los elementos ofrecidos por los médium, de quienes depende fundamentalmente el éxito de *las* manifestaciones físicas.

Pregunta: Según explican algunos estudiosos del Espiritismo, los espíritus que se comunican por intermedio de los fenómenos físicos son atrasados. ¿Esto es así, tan radical?

Ramatís: De modo alguno, pues si bien es cierto que los agentes de naturaleza primaria o especie de espíritus afligidos suelen ser los intermediarios entre ambos mundos, no por ello pueden dejar de tener muy buena graduación espiritual.[4] También es cierto que ese tipo de manifestación ocasiona un buen suceso, siempre que los espíritus que se comunican por ese medio sean portadores de una buena cuota de vitalidad de éter-físico, como es habitual en los recién desencarnados.

Sin embargo, los técnicos de "este lado", comúnmente utilizan los servicios de salvajes, porque son entidades simples y robustas, vigorosas y de un eterismo energético intenso, proveniente de la propia naturaleza.

Pregunta: ¿Es aconsejable hacer trabajos de fenómenos físicos, siendo que la doctrina espiritista nos parece fundamentalmente espiritual?

Ramatís: Ese trabajo es aconsejable hacerlo en forma digna, que evidencie la realidad del espíritu inmortal, pues ese procedimiento, también mejora a las criaturas en base a las enseñanzas superiores. Los fenómenos físicos son apenas un "medio" de intercambio con nuestro mundo espiritual y la tierra. Sea cual fuere el tipo de trabajo mediúmnico, lo más importante es la naturaleza del trabajo y la enseñanza obtenida. Hay médium que operan exclusivamente en el plano de la inspiración, sólo presentan lecciones inferiores, y además, suelen sembrar intrigas entre los propios compañeros.

La doctrina espiritista es el objetivo trascendental, por tener como finalidad el perfeccionamiento del espíritu humano. Los trabajos de fenómenos físicos son excelentes medios de propagación de los valores sublimes del Cristo, a través del Espiritismo. No vemos desmerecimiento en esa práctica, cuando las energías primarias del magnetismo del orbe reciben el toque sabio de las fuerzas oriundas de los planos más elevados, que las transforman en el "revelador" de la voluntad y la acción de los espíritus desencarnados, sobre la materia. Cuanto más frecuentes sean esos trabajos, también progresan hacia niveles supe-

[4] Ver la obra ***Rumbo a las Estrellas***, de H. Dennis Bradley, en cuyos trabajos de voz directa y materializaciones comparecían entidades de buena estirpe espiritual, como Feda, Pat O'Brien, Bert, Dr. Barnett, Rodolfo Valentino y principalmente Juan.

riores y los fenómenos se perfeccionan, mereciendo mayor asistencia técnica de los espíritus superiores. Además con el tiempo mejora la calidad del ectoplasma ofrecido por los médium y asistentes, permitiendo la proyección de elevadas entidades en el plano del mundo físico.

Pregunta: ¿Cuál es la principal ventaja del trabajo de los fenómenos físicos?

Ramatís: La espiritualidad busca todos los medios para probar la vida en su vibración más sutil, y en el futuro, será motivo de investigación y estudio científico. Innumerables científicos dieron un gran impulso a los postulados espiritistas, después que comprobaron a través de la fenomenología física y mediúmnica, la realidad del espíritu inmortal.

El Espiritismo, además de religioso es filosófico y también científico; pero ese aspecto no es mera cuestión subjetiva, sino que corresponde al terreno objetivo de la experimentación regular. A partir de los avances de la Ciencia del mundo, dentro de muy poco tiempo será probada la inmortalidad del alma, por medio de esos trabajos de fenómenos físicos efectuados en las universidades.

Pregunta: La mayoría de los espíritus no le asignan importancia al hecho de que ciertos adeptos necesitan "ver o palpar" a los espíritus, para creer. Y que esos hechos no pasan de ser los modernos Santo Tomás buscando los fenómenos, pero desinteresados de las reuniones evangélicas de la doctrina moral del Espiritismo. ¿Cuál es vuestra opinión?

Ramatís: Lo importante no es que el hombre se convenza de la realidad inmortal, sino que se "convierta" a los principios de la vida superior. Tanto permiten creer en la inmortalidad del espíritu las pruebas concretas de la fenomenología mediúmnica, como las intuiciones vividas en la intimidad del alma. Lo que primero importa es verificar cuáles fueron las modificaciones saludables producidas en la conducta de la persona, después de haber descubierto su propia inmortalidad.

Muchos hombres que exigieron reiteradas pruebas de fenómenos físicos, antes de creer en la sobrevivencia del espíritu, han sido más útiles para la divulgación de la doctrina espiritista que la mayoría de los místicos convencidos, pero inoperantes, incapaces de defender y valorar los postulados doctrinarios en el momento oportuno. Algunos dicen que no necesitan de las pruebas materiales para creer en la inmortalidad del alma, mientras tanto, vacilan en su fe ante la primera decepción espiritual.

Es necesario distinguir la creencia definitiva, aunque sea afirmada ante una prueba fenoménica, aunque esta se crea ingenua o de buena fe, superficial o débil.

La Administración Sideral no pide creencia sino el cultivo de las virtudes y el repudio de los vicios y pasiones. No hay vergüenza alguna en que se tenga que ver para creer, así como no hay mérito en creer sin ver. En verdad, el Espíritu no se gradúa por la forma en que se admite la sobrevivencia, sino por el fruto de las obras realizadas a favor del prójimo o de su perfeccionamiento espiritual.

Pregunta: ¿Cuál es vuestra predicción para el futuro, con relación a los trabajos de los fenómenos físicos? ¿Se debilitarán las reuniones evangélicas y doctrinarias del Espiritismo, o aumentará la cantidad de público, por su naturaleza espectacular?

Ramatís: Los intercambios mediúmnicos a través de los trabajos de los fenómenos físicos tienden a desarrollarse, en el caso de que sean útiles a lo planificado para mejorar a los humanos. Los hombres, en su desesperación cada vez más creciente, a la vez que más desilusionados de las religiones estratificadas en el tiempo, emprenderán todos los esfuerzos posibles para descubrir su realidad inmortal. La Ciencia penetra cada vez con más intensidad en el mundo microscópico e infinitesimal; actualmente domina las fuerzas internucleares y otras ocultas desde hace siglos, actualizando los conceptos sustentados por magos y alquimistas. Hoy se sabe que, detrás de los símbolos, prácticas supersticiosas y ritos extraños de los viejos misterios, existe una buena dosis de verdad y buen sentido. Ciertas leyendas de seres fantásticos, controladores de las fuerzas poderosas del mundo, aparecen explicadas por la ciencia. Los científicos disciplinaron la energía atómica, controlaron las enfermedades crónicas y avanzan hacia el control de la Naturaleza.

Es evidente que cuando el hombre esté convencido de la sobrevivencia del Espíritu, también querrá conocer las normas y leyes que rigen este reino invisible a los ojos de la carne. A causa de las vicisitudes y sufrimientos que golpean a la humanidad terrenal, es obvio que el ser humano aliente esperanzas de alcanzar su paz y ventura en una vida integral. El sufrimiento del hombre lo sensibiliza para la búsqueda de una vida mejor. La sabiduría del Espíritu eterno mejora los patrones de la vida material, y la función de la Ciencia es realizar ese objetivo. Por eso, el espíritu humano tendrá en el panorama físico la ayuda de la ciencia, para eliminar las dudas e inseguridades. En el futuro, el espíritu podrá materializarse en los laboratorios, aun a la luz del día, bajo el control de hábiles científicos y gracias a la manipulación adecuada del ectoplasma. El periespíritu será examinado en su temperatura, densidad, espectrografía, magnetismo y olor, mediante aparatos especiales. Hace siglos era imposible que se midieran en el cuerpo humano, la presión, pulsación, circulación o se verificara la cantidad y calidad de los jugos gástricos, hormonas, fermentos, glóbulos blancos y rojos. ¿Alguien podría imaginar el adelanto provocado por el electrocardiograma, la radiografía y el electroencefalograma, el ultrasonido o el infrarrojo?

A través de los trabajos de los fenómenos físicos, los espíritus desencarnados podrán enseñar a los científicos terrenales a investigar y conocer los secretos del periespíritu.

Pregunta: ¿La Ciencia terrenal conseguirá producir los aparatos que sean capaces de investigar o comprobar la existencia de los espíritus?

Ramatís: Bajo la inspiración de los genios del mundo espiritual, muy pronto podréis oír y ver a determinados espíritus de nivel común, a través de avanzados equipos y aparatos similares a los de la televisión, una especie de "psicofono" parecido a la telefonía terrenal. El ectoplasma será la base para una minuciosa investigación y experimento de la ciencia terrenal, a tal punto que, los científicos conseguirán su producción en los laboratorios, en una sesión parecida a la entidad mediúmnica, capaz de efectuar la conexión entre el mundo espiritual y físico, tal cual lo hace con el propio cuerpo carnal.

Pregunta: ¿Cuál es el significado o principal importancia de las curas y operaciones fenoménicas de los médium excepcionales, como fue el caso de Arigó y otros, que asombraron a la ciencia médica? ¿Esa fenomenología se procesa específicamente para aliviar el sufrimiento humano, cuando falla la medicina convencional del mundo, o es un acontecimiento deliberadamente permitido por lo Alto, para probar la existencia del Espíritu?

Ramatís: Se trata de un acontecimiento destinado a enseñar por el gran descreimiento humano y a demostrar la realidad poderosa del mundo espiritual. El asombro, la sorpresa, lo insólito y lo poco común terminan por atraer a los incrédulos científicos y estudiosos, para aproximarlos hacia la espiritualidad y predisponer a otras criaturas a creer en la existencia de una vida más allá de la materia.

En verdad, dentro del esquema del "fin de los tiempos" y de la selección espiritual que ya está en curso en la tierra, lo Alto pone en acción todos los esfuerzos y recursos posibles para llamar, advertir y orientar a los hombres. Cuanto más se esclarece el hombre espiritualmente, también contribuye a reducir su problema cuando ingrese en el más allá, ayudando considerablemente a los que trabajan esforzadamente por aliviar a los espíritus sufrientes o que descreen de su verdadero estado en el astral.

Por eso, no importa que los escépticos necesiten ver para creer, o precisen sentir en su propia piel el estilete de la vida inmortal. Lo importante es que modifiquen su conducta, eliminen su egoísmo y aprendan a liberarse de los bienes efímeros.

El ciudadano del siglo XX debe reconocer que, detrás de la fenomenología material y espiritual, permanecen intensos y vivos la voluntad y el poder de la conciencia Inmortal, que operan en la densidad de las formas. El Universo es el producto de la materialización de la inteligencia creadora, y los hombres son las propuestas menores para ayudar en la creación constante. Cada espíritu es un diosecito en miniatura, dotado de poderes excepcionales, pudiendo ejercitarlos conforme con su madurez y desarrollo espiritual. La materia, como energía condensada en las formas del mundo, bajo el impulso del ser inmortal, también podrá retornar a su forma primitiva de libertad y modelar así nuevos mundos.

Para vuestro despertar va esta pequeña demostración, como en el caso de los médium excepcionales, los cuales practican operaciones peligrosas, excluyendo los instrumentos médicos y la misma asepsia. Las formaciones dañinas que atrofian el organismo humano son retiradas por la intervención de los médicos del Espacio; en obediencia a esas leyes que rigen la "materialización" y "desmaterialización" de la materia de vuestro orbe. Aunque para los encarnados, esa intervención parece milagrosa y desmiente aparentemente la rigidez de las leyes físicas, no obstante, ese acontecimiento no contaría con el orden existente en el Universo, sólo que eso sucede en los planos más sutiles y bajo la dirección de voluntades muy poderosas.

Pregunta: Sucedió que algunos enfermos graves no fueron operados, mientras que otros de menor gravedad, eran atendidos. Eso pasaba con el médium Arigó. ¿Es fracaso o prueba para los que se desilusionan con ese trato, que parece hasta desconsiderado?

Ramatís: No se puede considerar como fracaso o prueba dolorosa para algunos seres que deben pagar sus culpas a través de las decepciones. Los acontecimientos de "aquí y de allá" suceden dentro de la lógica del aforismo que dice: "No se cae un solo cabello sin que Dios no lo sepa".

Hay enfermos graves, aquellos que no deben y no pueden interrumpir el drenaje de los fluidos tóxicos del periespíritu hacia la carne, en el proceso trascendental de verter hacia la tierra —como si fuera un "hilo a tierra"— en el cuerpo de la persona humana. Sería inmensamente perjudicado por esa limpieza sanadora o por alguna intervención curativa e inoportuna. En general, el espíritu, antes de reencarnar, hace lo posible para rescatar el "karma" o bien "quemarlo" bajo el fuego purificador del sufrimiento, por eso, acuerda cumplir un programa de limpieza beneficiosa, a fin de librarse de la carga venenosa adherida a su periespíritu. No obstante, después de encarnado y olvidado del mundo espiritual y de su promesa, desea obviar el programa doloroso y depurador que aceptó en el Espacio. Afligido, generalmente recorre una vía sacra por los consultorios médicos, a la primera señal de sufrimiento. Desilusionado de la medicina acude al curanderismo y a los médium curativos, pero para su propio bien, son impedidos de efectuar la cura tan esperada, pues el objetivo debe cumplirse y es para que no regrese nuevamente al astral en condiciones semejantes a las que tenía cuando descendió a la carne. Es que en casos como el planteado, donde el sujeto impide deliberadamente la liberación de la escoria periespiritual, no se justifica que se cambie el programa establecido.

En consecuencia, no es el fracaso de los médium curativos sino que existe una limitación para que se cumpla el proceso higienizador admitido por el propio espíritu encarnado. Mientras tanto, en la prosecución de la causa espiritista y para atraer la Ciencia del mundo, son ayudados u operados los enfermos que no están tan comprometido con la ley, mientras que otros quedan a la espera de su mejoramiento espiritual y son relegados para otra ocasión.

Cuando visitamos al médium Arigó, en Congonhias, pudimos observar por nuestra videncia que sólo operaba a los enfermos señalados por una pequeña luz blanca posada sobre sus cabezas. Al resto, aunque eran de más gravedad, el médium sólo le prescribía medicamentos.

***Pregunta:** Nosotros suponemos que los espíritus siempre se esfuerzan por operar fenómenos sobre los hombres, a fin de convertirlos a la creencia espiritual. ¿Es así o estamos equivocados?*

Ramatís: Sin duda, los espíritus benefactores y amigos tratan de despertar a los encarnados hacia la causa del mundo espiritual, y para esto se sirven de todos los medios y ocasiones.

No obstante, el intercambio entre el mundo físico y el espiritual es muy difícil, porque el trabajo más arduo lo hacen los desencarnados. Los hombres exigen pruebas, fenómenos y esclarecimientos de los espíritus, pero claman contra cualquier decepción, casi siempre a causa de la falta de preparación o de las dificultades interpuestas entre los dos mundos.

En verdad, los encarnados poco hacen para ir a nuestro encuentro, pero exigen de nosotros acontecimientos excepcionales contrarios a las mínimas reglas de la vida oculta. Además, quieren oírnos materializados, ofreciendo fluidos impregnados de alcohol o bajo el fermento de las vísceras animales, ignorando que el ectoplasma no es producto de alambiques o de putrefacción de elementos en el estómago.

Pregunta: ¿Qué nos aconsejáis para incentivar los trabajos de los fenómenos físicos?

Ramatís: Lo mismo que debéis adoptar en las demás formas de intercambio con los espíritus desencarnados: confianza, salud, sentimientos superiores y pensamientos espiritualizados. Procediendo de esa forma, se atrae y establece un elevado grado de simpatía con los buenos espíritus. Mientras tanto, es preciso no olvidar que el fenómeno inmediato puede deslumbrar los ojos, pero sólo la renovación evangélica atiende los sentidos del alma.

Nota del Revisor: Este capítulo fue escrito hace bastante tiempo. Durante ese lapso, hubo otros hechos que demostraron la existencia de formas energéticas, desconocidas por nosotros. Tenemos actualmente, los fenómenos de transcomunicación, pottergeis, terapias de vidas pasadas y no dejaremos de citar a la Fundación Aquarian, fundada en 1955 y que después, en los años 60, ganó espacio con las sesiones de materialización de los Maestros contactados por Helena Blavatsky. En esas comunicaciones encontramos a los llamados Maestros de la Gran Hermandad Blanca de la Luz Cósmica, entidades de OVNIS: Ashtar y Clarion. Todas las enseñanzas originadas en esa fuente se basan en las ideas de la Ley de Causa y Efecto o del karma, la reencarnación y el dominio del individuo sobre su existencia y su muerte. Hay una constante evolución de la humanidad; solamente la ortodoxia religiosa permanece estática, centrada en la creencia y supersticiones mágicas de los primitivos trogloditas, inclusive, el Espiritismo de Allan Kardec, al cual han querido transformar en un Kardecismo rígido.

EXORCISMO

***Pregunta:** ¿Qué nos podéis decir de la afirmación categórica hecha por el Papa Pablo VI, de que el Diablo existe, diciendo que esta entidad abominable vive e intenta atormentar a los hombres, en una obstinada lucha contra la evolución de los "hijos de Dios"?*

***Ramatís**:* A consecuencia del constante vaciamiento de la Iglesia Católica, empeñada en negar una verdad como es la de la Reencarnación y la posibilidad de comunicarse con los espíritus desencarnados —asunto este que se encuentra en la base de todas las doctrinas Orientales y en la Codificación Kardecista— se necesita algo nuevo e inusitado para revitalizar las desgastadas bases y amparar el edificio religioso secular, antes de que se transforme en ruinas.

No obstante, si el Clero Católico hubiera admitido en sus postulados el proceso sensato y coherente de la Reencarnación —lo cual justifica todos los tipos de destinos humanos y evidencia el Amor, la Justicia y la Sabiduría de Dios— quedaría sólidamente fortificado y sería un fuerte competidor de la Umbanda (en Brasil), cuya doctrina mediúmnica hoy lidera cada vez más el sentimiento religioso del pueblo brasileño.

Ya se han perdido los esfuerzos innovadores de la campaña con que se propició el "Cursillismo". Su técnica apelaba a los valores emocionales, sensibilizando a los participantes para vivir dentro de los principios divulgados hace dos mil años por el Cristo. No obstante, pasado el breve entusiasmo de las emociones liberadas, los "cursillistas" retomaban la misma y apática vida, despreocupándose de la realidad de la Vida Inmortal.

Por ese motivo, el Papa Pablo VI se decidió por la resurrección urgente del Diablo,[5] el milenario adversario del Creador, infatigable perseguidor de la humanidad y paradójicamente, arrebatador de pecadores, es decir, los que "fallan en el mundo".

***Pregunta:** ¿Cuál es vuestra opinión sobre la existencia del Diablo?*

***Ramatís**:* Es evidente e indiscutible que el hombre aún es una entidad mucho más perversa y poderosa que el legendario Lucifer. Después que el terrícola lanzó la bomba atómica sobre Hiroshima, desintegrando más de 120.000 japoneses, con el simple apretar de un botón electrónico, proceso muy eficiente, sin duda, el Diablo debe haber tenido una crisis de frustración indescriptible y es muy posible que, aun hoy, esté echado en un diván de cualquier psicoanalista infernal, más confundido que nunca. Si existiera, creemos que no sería capaz de administrar el milenario infierno, profundamente humillado ante el uso de sus calderos anacrónicos de dos mil años de antigüedad, al verse superado en el campo de la barbarie. Además, deberá reconocer su ineficacia e inutilidad, ante el hecho de tener que lidiar con la peor fauna humana en los diversos departamentos del infierno, el cual está constituido por criminales irrecuperables y pecadores mortales.

No cabe duda de que el Diablo es un producto de la imaginación humana, pues el modelo escogido para configurarlo es el propio hombre, con algunos arreglos que serían motivo de risa, como el de los célebres cuernos.

Teniendo en cuenta las atrocidades, crímenes e impiedades existentes en el seno de la humanidad terrícola, y que suceden tanto en tiempo de paz como de guerra, es muy difícil para el hombre pintar un diablo mucho más cruel que él mismo. El más sencillo análisis de la historia del mundo terrenal es suficiente para comprobar cuanta tortura, masacre, tiranía, perversidad y pillajes aparecen en el transcurso de la evolución, motivados por las ambiciones políticas la ira y las venganzas religiosas. Así sucedió en las cruzadas de la Edad Media, cuando remataban vivos a los "infieles" dirigidos por Saladino o en la famosa "Noche de San Bartolomé", en que millares de católicos apu-

[5] Afirmó el Papa Pablo VI: "El Demonio existe. Es el enemigo oculto, misterioso, que siembra desgracias y errores en la vida humana".

ñalaron a los protestantes, por orden de Catalina de Médicis o con la falta de piedad de los secuaces del dux veneciano cuyos adversarios políticos eran colocados en ataúdes de hierro que después se cerraban con tapas en cuyo interior había puntas aceradas. Las pirámides de cabezas decapitadas y amontonadas por Gengis Kan y Tamerlán; la matanza de los cristianos, en los circos romanos o en forma de antorchas vivas, iluminando los jardines de Nerón; las matanzas monstruosas en China; los enterrados vivos en Egipto, los degüellos en masa, en Turquía; los atroces estacados de los infelices parias de la India; los incendios de las ciudades pacíficas, por el flagelo de Atila. Y, aun, recientemente, los millones de judíos asesinados por los nazis, cuyos comandantes masculinos y femeninos de los campos de concentración, practicaban las más bárbaras atrocidades contra hombres y mujeres judías.

Los propios sacerdotes católicos, que tanto acusan al paranoico Belcebú y le atribuyen la culpa de todas las maldades del mundo, aun se vuelven peores, cuando el Papa Gregorio IX instituyó el "Santo Oficio" en el tiempo en que transcurrió la Inquisición. Ellos comenzaron la guerra de exterminio de los judíos, moros, protestantes, herejes y malos católicos, bajo el sofisma y principio de la "purificación", llegando a "orar" hipócritamente por los culpables.

Es evidente que las prácticas de esas perversidades —en nombre del manso y amoroso Jesús—, fruto del sadismo humano, comenzó a afectar a Satán, quien entre asombrado y acomplejado, lamentaba su falta de creatividad. Sus pobres calderos herrumbrados, sólo permitían una sola tortura y "además, estandarizada" y cada vez más ridiculizada por el hombre.

Entre las más perversas comandantes femeninas del campo de concentración, apresadas por los americanos, estuvo Irma Graeser, la peor de todas. Mandaba atar las piernas de las prisioneras judías, justo en la hora suprema del parto, sólo para verlas morir, en el más cruel tormento humano.

N. del Médium: Cuando los católicos invadieron la ciudad de Beziers con el fin de exterminar a los herejes e infieles, como temían dar muerte a los propios correligionarios, consultaron al monje Arnaud Amaury —responsable por la matanza, el cual respondió: "Matadlos a todos, pues Dios ha de saber reconocer cuáles son sus devotos y sus herejes".

Pregunta: ¿Por qué el Diablo es una figura legendaria, sustentada desde tiempos remotos y que aún sigue actuando desde nuestra infancia? En verdad, son raras las personas que vivieron liberadas de esa idea atemorizante y diabólica. ¿A qué se debe?

Ramatís: Sucede que los antiguos magos y sacerdotes, en su interés por estimular entre sus fieles las prácticas del Bien, concibieron al Diablo como opuesto a Dios, en perjuicio de todo aquello que la criatura debería sufrir si practicaba el mal. De esa forma, el hombre terminó habituándose a esa dualidad, donde casi se diluían las fronteras del Bien y del Mal. La figura de Jehová, el Dios de los hebreos, tanto se podía aceptar como un "dios vengativo" o como la imagen de un "demonio justiciero". Jehová, el Dios judaico, mandaba exterminar los pueblos enemigos, producía epidemias, inundaciones, pestes y plagas de langostas contra los egipcios, y en ciertas ocasiones, como relata el Viejo Testamento, exigía la inmolación de los hijos y se satisfacía al ver correr sangre. Los dioses griegos eran productos generados a imagen y semejanza de los hombres, apreciaban el sexo, participaban de las bacanales y orgías, se embriagaban y se entregaban a los amores escandalosos, actuando de modo excéntrico con sus poderes divinos. Júpiter, conforme dice la leyenda, se disfrazó de cisne para dormir con Leda, y posteriormente, se transfiguró en un toro, a fin de raptar a Europa y conducirla a Creta.

Bajo tal condición, no es difícil la mezcla entre lo demoníaco y lo divino, aportando profunda confusión psíquica al hombre, por no saber correctamente lo que es alegría y ventura, placer y vicio.

Pregunta: ¿Cuál fue el motivo o la intención que promovió la concepción del Cielo, para los elegidos de Dios?

Ramatís: Fue para estimular a sus fieles a la práctica del Bien. Los antiguos magos y sacerdotes concibieron un cielo con los máximos atributos concebibles en cuanto a placer, alegría y ventura. Por eso el cielo está poblado de ángeles, con el eterno manejo de violines y arpas, que eran en la época los instrumentos más perfeccionados para transmitir la "música divina", y la idea del "gozo" y la "ventura", resumidos en aquel entonces en la concepción infantil de "no hacer nada" o sea, "la dulce vida".

Infelizmente, el Paraíso teológico aún presenta, en el siglo atómico, las mismas emociones y placeres mediocres de hace milenios, los cuales no parecen seducir a los hombres para promover su virtud. Hoy, el problema es "aturdir" con la música estridente y otros entretenimientos, que sólo apartan a las personas de su rol principal de la vida.

***Pregunta:** ¿Qué nos decís sobre la concepción del Infierno, cuyo escenario aún se mantiene sin modificación, después de dos mil años de su creación?*

Ramatís: En la composición literaria del Infierno teológico —un producto innegable de la imaginación humana, de más de dos mil años de antigüedad—, también se propusieron las características de las torturas y de los castigos primitivos conocidos en aquella época. Con las intención de impresionar fuertemente a la humanidad, el sacerdocio hebreo trató de estimular a los hombres para huir de los pecados, bajo el temor de ser cocidos en calderos de agua, cera, aceite y plomo hirviendo, o asados entre carbones incandescentes y el azufre sofocante, cuyo móvil era impresionar al máximo, sobre lo más atroz que se concebía en aquella época, que era el culto de Baal y Moloch.

Obviamente, si el Infierno fuese imaginado en vuestro siglo actual, los religiosos tendrían que describirlo de acuerdo con los recursos científicos y aparatos de tortura y castigos modernos. Sería necesario proveerlos de calderos eléctricos, bombas inyectando calor y asfixiantes cámaras electrónicas super calientes, lechos de chapas electrificadas, lluvias de agua hirviendo, etc. Por lo tanto, sería descartado el primitivo sistema obsoleto de la quema por el carbón y el azufre, que consume toneladas de combustible.

Sin duda, el Diablo se sentiría eufórico en ese Infierno electrificado programado por el servicio de computación luciferina S.A., donde le bastaría apretar un botón para mover todo el aparato imaginable de tortura y castigo, muy al gusto sacerdotal antiguo.

***Pregunta:** ¿Cuáles serían las razones más convincentes en cuanto a que el Diablo no existe, a pesar de tantos siglos de* *creencias y temores de la humanidad terrena?*

Ramatís: Es de lo más simple y sencillo que Dios, en Su Infinita Bondad, no crearía al Diablo, un ente absolutamente perverso, cuya finalidad sería atormentar a su hijos. Cualquiera que haya comprendido el mecanismo de la evolución, entiende la imposibilidad lógica, pues la criatura no fue creada para que se rebele contra su Creador, a punto de enfrentarlo y desafiarlo abiertamente.

***Pregunta:** Nos cuenta la historia religiosa, que Dios creó un ángel llamado Lucifer, quien más tarde se rebeló contra el Creador, causa por la cual fue arrojado a las profundidades del Infierno. Por eso se transformó en un ser diabólico y abominable, para tormento de la humanidad. ¿Qué hay de cierto?*

Ramatís: La historia o más propiamente el simbolismo en aquellos tiempos, para nuestra cultura actual peca por la base, al desmentir la Infinita Sabiduría de Dios. El creó un ángel perfecto que, posteriormente, involucionó, envilecido eternamente, transformándose en una criatura teratológica, perversa y defectuosa que contraría plenamente la obra divina. Es evidente que el ángel Lucifer, como una parte de la Creación Divina, poseía y posee en sí las cualidades de su creador, lo cual le aseguraría la perfección suprema. Jamás podría retroceder hasta las conductas primitivas y egoístas, pues el rayo del Sol no se afecta por la polución de la atmósfera terráquea sino que calienta, ilumina y da vida al planeta.

Si el "Ángel de Luz" existiera, sería una paradoja, además de la negación, a la Suprema Perfección Creadora, pues admitiría tamañas fallas en sus procesos creativos. Mientras tanto, en las fases primarias de evolución de los mundos siempre hay polaridades, como ley fundamental: claro y oscuro; bien y mal; amor y odio; sombra y luz; que se refiere a los espíritus imperfectos en su escala ascensional, de lo menor hacia lo mayor, infinito y eterno.

***Pregunta:** Aseguran otros entendidos, que Dios no puede dominar al Diablo, por eso se mueve con plena libertad en el Universo, luchando para alcanzar el gobierno universal sobre todos los seres.*

Ramatís: Considerando esa posibilidad: que Dios no haya podido dominar al Diablo, en su intervención negativa y malhechora en la administración del Cosmos, se concluye que Dios no dispone de Poder Infinito, por lo tanto, al faltarle ese atributo esencial, dejaría de existir. En consecuencia, debe aumentar nuestra preocupación respecto de los destinos de ese ente espiritual, pues o el Creador no existe o es de la misma especie de Satán y no tendría sentido dentro del Universo, lo que contradice nuestra sensible experiencia; además, el Demonio es la proyección de los instintos animales humanos, en los campos trascendentales de la evolución anímica.

Los hombres, durante milenios, practicaron más perversidades en el mundo, que cualquier Diablo malintencionado. No hay duda de que ese legendario y politiquero personaje de la "escatología" católica, sólo debe asustar a los religiosos infantilizados o bestializados por sus conciencias culpables.

Pregunta: ¿Queréis decir que la presencia sistemática y legendaria del Diablo actuando en el mundo, no pasa de ser un mito superado por los pecados y perversidades de la misma humanidad?

Ramatís: Sin duda, Satanás se vuelve una figura cada vez más ridícula y anacrónica, al no sobrepasar el maquiavelismo del hombre, que lo venció largamente en maldad, hipocresía, codicia, venganza, lujuria, avaricia y deshonestidad.

Examinando la historia de la humanidad, se comprueba que el Diablo fue derrotado por la falta de creatividad en la práctica de las crueldades inéditas, completamente incapaz de superar a los humanos en sus recursos de perversidad. Conforme hemos dicho en otros lugares, la vieja fórmula de cocinar a los pecadores en calderos de agua y aceite hirviendo, fuera de algunas variaciones primarias de asarlos en condiciones inimaginables, no sólo revela una tortura rutinaria, como lo demuestra su incapacidad diabólica, sino que es inoperante y en franca extinción en el futuro organigrama sideral.

Todo este aparato diabólico inventado, en nada ha impedido que la humanidad empleara tecnología científica en las guerras y las dictaduras, ni tampoco que religiosos impulsados por sus ambiciones, rindieran un verdadero culto al poder del César y sacrificaran la ventura armoniosa que les ofrece el mundo Divino.

***Pregunta:** Acepto vuestras consideraciones respecto de la inofensividad del Diablo, superado por las torpezas humanas, pero ¿por qué muchos intelectos desarrollados y hasta de mentalidad científica poco común, aprecian seriamente como veraz la leyenda satánica?*

Ramatís: Los intelectos bien desarrollados de la tierra pueden ser criaturas analfabetas en cuanto al entendimiento de la vida espiritual superior. Aunque sean criaturas que dominan los conocimientos del mundo y cultivan una erudición volcada a los fenómenos de la existencia física, no obstante, son muy elementales respecto de la realidad en el trato con los valores de la Vida Inmortal.

Hay criaturas que creen en la pluralidad de los mundos habitados, confiando tan sólo en la afirmación de Jesús, cuando aseguró en el Evangelio: "En la Casa de Mi Padre, hay muchas moradas". Grandes cerebros en el campo de la filosofía, psicología y ciencia en general, sin embargo, a pesar de su capacidad cultural y científica, no sólo no aceptan esa posibilidad lógica sino que incluso se oponen a las doctrinas místicas y ridiculizan a los creyentes de tal hipótesis, suponiéndolos ingenuos. De igual forma, los hombres aún creen en un paraíso de violines y arpas anacrónicas, en un cielo de nubes acolchadas y gases espumosos, bajo la regencia de un viejito bondadoso y sabio, según la leyenda generatriz de Adán y Eva, única pareja responsable por la población de la tierra, incluyendo negros, amarillos, rojos y blancos. En consecuencia, desprecian los principios inmutables de la genética, a pesar de sólo haber tenido tres hijos, Caín, Abel y Seth, como admite la leyenda. Elías, arrebatado hacia el cielo en un carro de fuego; o el profeta Habacuc, ascendiendo tomado de los cabellos. Dios hecho carne en Cristo, nacido por obra del "Espíritu Santo"; o el ascenso de Jesús y María, en cuerpo y alma, hacia el cielo."

Estas criaturas, en realidad, presentan sólo el brillo que les da el barniz de la cultura humana, pero en la intimidad son almas primarias movidas por el instinto perturbado en busca de los placeres inmediatos, que mal pueden esconder en las manipulaciones sociales indignas e hipócritas.

Pregunta: ***También es cierto que esos hombres cultos, paradójicamente, además de creer, le temen al Diablo. ¿Cuál es vuestra reflexión?***

Ramatís: Reiteramos que, a pesar de esa creencia y temor infantil a Satán, que atormenta el alma de esos creyentes temerosos, pero apegados al inmediatismo de los placeres de la vida, se vengan de sus contrincantes políticos y religiosos, sobornan a los representantes de la Ley en las transacciones fraudulentas, arrojan anualmente en el mercado de la prostitución a jóvenes ingenuas e indefensas, ilusionadas con falsas promesas, consumen su salud en los líquidos corrosivos como el whisky y otros licores, se apoderan legalmente de las fortunas de los desprevenidos, invierten los valores sanos de la moral humana y se enriquecen con los bienes públicos, protegidos por las tontas inmunidades del mundo. Por eso, las criaturas que se asustan ante la posibilidad de que se les presente el Diablo, con aspecto siniestro, son personas que, durante las hecatombes bélicas, campaña de odios políticos o luchas fratricidas entre los descendientes de un mismo país,[6] practican dolorosas torturas, ante las cuales, las empleadas por el hipotético Diablo serían un pálido reflejo.

Bajo los ojos de un psiquiatra, esos seres son psicópatas, pero en la gran escala evolutiva son almas primarias o estacionadas en el epicureismo,[7] inamovibles en su posición de sabiduría hipócrita. No es difícil de entender que esos hombres crean en la existencia del Diablo, pues transfieren a esa criatura diabólica, sus estados de ánimo y Satán les representa, en realidad, su propia alma con toda la hediondez primitiva.

[6] Nota del sensitivo: A fin de comprobar a qué límite llega la maldad humana, nos compete examinar las descripciones de los acontecimientos tenebrosos y las venganzas entre los mismos compatriotas, durante las revoluciones intestinas, como en el caso de la Guerra de Secesión de los Estados Unidos, la Revolución Francesa y Rusa, los conflictos internos del Nazismo, en Alemania, los de la hambrienta Biafra y Nigeria o las abominables atrocidades en Vietnam, entre norteños y sureños. Aun en Brasil, donde el pueblo es más pacífico, en la rebelión del Contestado, los brasileños se degollaban entre sí, en la más tonta de las venganzas, tan sólo por cuestiones de límites y doctrinas políticas.

[7] Epicureismo: Doctrina filosófica de Epicuro y sus discípulos. Simboliza lo sensual y voluptuoso, demostrado con cierta elegancia.

Pregunta: Según La historia sagrada, Satán no pasó por la forma humana. ¿Es verdad?

Ramatís: Conforme con la exposición de la Biblia, el "pedigree" del Diablo es mucho más noble que el del hombre, pues desciende de Dios y pertenece al linaje angélico. Posteriormente dirigió la subversión celeste y como consecuencia fue apresado y exiliado. El ciudadano terrestre fue hecho de barro, pero no pudiendo evitar su inferioridad, por falta de progreso espiritual, se deleitaba con las crueldades infringidas a sus hermanos en nombre de Dios, sin tener ningún respaldo superior. De esa forma asistimos a las guerras religiosas y a la Inquisición, sobrellevada en nombre de Dios como justificativo de las crueldades y matanzas.

Respecto de lo dicho, se le atribuye al Diablo el origen de todas las insanias y maldades del mundo. ¡Pobrecito, lo rebajaron al papel de simple aprendiz de hechicero!

Sin duda que ese Diablo debe poseer originalmente un poco de naturaleza divina, pues se volvió un "ángel caído", en rebelión contra su propia esencia. Es sorprendente cómo Dios, un Ser perfecto, pueda haber generado un monstruo. Más de una vez hemos afirmado: el hombre se perdió en su maldad e hipocresía y tuvo que transferir a alguien sus defectos y de ahí que el Diablo sirvió de "chivo expiatorio".

Pregunta: ¿Existe algún simbolismo o enseñanza esotérica que aluda a la configuración excéntrica del Diablo con cuernos, alas de murciélago, pies de cabra, cascos de caballo, garras de buitre, cola de león, y que lanza humo por la boca?

Ramatís: Es notorio que los primitivos responsables de esa legendaria configuración del Diablo, desearon inconscientemente hacerlo algo humano, pero estigmatizado por las señas de los instintos inferiores animales, como la violencia, destrucción, crueldad, cinismo y rapiña. Bajo la aparente teratología de esa configuración semihumana, se oculta el simbolismo de las pasiones, vicios y pecados tan peculiares al hombre. Satán, por lo tanto, conforme con la antigua iniciación, significa el instinto animal evolucionando hacia el Ángel. Por esta razón el color encarnado o rojizo, el cual representa la fuerza sanguínea primitiva, y las alas como anhelo del principio espiritual para alcanzar la cima de la evolución.

Pregunta: ¿Nos podríais aclara un poco mejor ese simbolismo del Diablo?

Ramatís: En la figura de los cuernos, el esoterista puede percibir muy bien, la furia impulsiva e indomable del toro, que se traduce por la agresividad humana; los pies caprinos es la lascivia; las alas, ya sea del murciélago o de los pájaros, representa dos condiciones: o busca el ascenso o el vampirismo; el cuerpo semihumano es el hombre espíritu y materia; las garras del buitre pueden muy bien representar la avaricia y la peculiar usura humana; los cascos de caballo, la violencia... y así cada teólogo en su concepción diabólica, creó su diablo hecho a su imagen y semejanza anímica.

Satán, en suma, es la figura representativa del hombre: las pasiones, lubricidad, avaricia, brutalidad y ambición desmedida, junto al amor, la mansedumbre, altruismo y todos los valores innatos y adormecidos en lo íntimo del espíritu inmortal. Satanás es como el hombre: mezcla de divinidad y animalidad.

Pregunta: No obstante, de tanto cultivar la idea del Diablo, tenemos la sensación de que esa entidad interfiere en nuestras vidas, o ¿será el producto de nuestros temores inspirados en la infancia?

Ramatís: No queda la menor duda de que en el esquema creativo del Universo, el hombre participa con su conciencia en constante productividad. En consecuencia, toda creatividad humana que mejora, se le atribuye a Dios, y toda actividad que empeora o destruye, al Diablo. Siendo así, palpita en lo íntimo del hombre, una "fórmula básica": Dios es la evolución y el Diablo, la involución; Dios es la Luz y el Diablo, las tinieblas: Dios es positivo y el Diablo, negativo.

Mientras tanto, lo que justifica esa creencia o temor subjetivo al Diablo se deriva del hecho de que todos los espíritus, en su incesante ascenso angélico, pasan por alguna de las etapas donde predomina la animalidad, principalmente en el astral inferior, guardando reminiscencias de temor, respecto de las entidades malformadas y sádicas de esas regiones de densidad muy pesada. Explicamos: en el momento en que la centella se individualiza en el seno de la Energía Cósmica, su psiquismo es dirigido en el sentido de aquello que llamamos instinto, cuya función es crear una nueva conciencia que se irá estructurando lentamente hasta el infinito. En esos momentos de mayor egocentrismo, el alma puede ejecutar acciones que inevitablemente la conducirán al astral inferior, donde otras almas afectadas por el ideoformismo periespiritual aportan configuraciones hediondas.

Bajo la fuerza de ese magnetismo inferior, que imanta al psiquismo y lo aferra a la actividad animal, las conciencias primarias y desencarnadas y algo inconscientes, casi siempre caen "específicamente" en las regiones tenebrosas y muy densas del mundo astral. En esas zonas, demasiado compactas en su especificación magnética, predomina una vida casi física, que es liderada por espíritus brutalizados y excesivamente vitalizados por la animalidad. Falsos diablos, perversos, despóticos y esclavos indomables del sexo, entidades que no tienen escrúpulos para alcanzar su satisfacción ignominiosa, esclavizan las almas débiles y faltas de protección alguna a causa de sus pecados.

Se trata de recuerdos que todas las almas traen grabadas en su intimidad psíquica, desde el mundo astral "tenebroso" o "infernal" y por eso traen en su tela mental y memoria, las impresiones de un pasado impreciso. Y como Satán es una copia deformada del hombre, su contextura peculiar también puede variar conforme con la psicología y temperamento de cada pueblo y raza.

Pregunta:¿Nos podríais explicar esa variación que sucede con el Diablo, conforme con el tipo de cada pueblo o raza?

Ramatís: De acuerdo con la latitud geográfica, la región, las costumbres, el sentimiento religioso y el entendimiento psicológico de la vida humana, la figura del Diablo también varía en su personalidad representativa. Para el oriental, el Diablo tiene la cara exacta del occidental, mientras que para ellos, Dios tiene los ojos oblicuos; el zulú rinde homenaje a su Dios negro como el carbón, y rechaza al Diablo blanco de fisonomía europea. Como quiera que se le llame en el lenguaje clásico —sea Satanás, Demonio, Belcebú, Lucifer, Espíritu del Mal, etc., etc.— el

Diablo siempre representa la figura de la propia alma, cuando invierte o degrada las admirables cualidades de su naturaleza espiritual, para dedicarse sólo a las pasiones odiosas, a la crueldad o a las impurezas de la vieja estirpe animal.[8]

Con el ascenso del espíritu hacia los planos edénicos, el Infierno y el Diablo, cada vez se alejan más, porque las zonas tenebrosas existentes en cada criatura, comienzan a iluminarse con la luz angélica.

Pregunta: ¿Trae algún perjuicio mental o espiritual, el hecho que las religiones dogmáticas todavía incentivan la idea del Diablo y el Infierno, con la finalidad de atemorizar a los fieles?

Ramatís: Sin duda, es muy lamentable el perjuicio que ocasiona esa campaña tan obsoleta y morbosa, pues la vida mental predomina primeramente en el hombre, y tanto lo libera como lo estigmatiza de acuerdo con sus convicciones, buenas o malas, fantásticas, enfermizas o sanas de la Realidad Espiritual. Desdichadamente, las religiones oficiales y los afluentes que surgen constantemente en las diversidades de las interpretaciones bíblicas, con características personales, todavía creen y sostienen la configuración tenebrosa y aniquilante de un credo infantil, dominado por distorsionadas sugestiones mentales negativas distorsionadas.

Bajo esas circunstancias, todos los días aportan cantidades increíbles de espíritus alucinados, cuya mente fuera de control por las concepciones maléficas del Infierno y sus demonios, los coloca en situación desesperada y frena cualquier ayuda que los anime a conocer la verdad de su situación. En esas y otras situaciones, los espíritus dañinos se aprovechan de esas mentes infantilizadas y asustadizas por las imágenes diabólicas, reforzándoles aun más los cuadros visualizados, vitalizándolos con técnicas ideoplásticas especiales.

Pregunta: ¿Permitiría el progreso de las religiones dogmáticas, la desaparición de esa trayectoria morbosa e infantili-

[8] La propia Biblia anuncia nominalmente, los siguientes demonios: Enoch, príncipe del poder sobre los aires; Belcebú, jefe de todos los demonios; Asmodeus, espíritu del libertinaje; Apollyon, el ángel de las profundidades; Behemot y Leviatán, Belial o Lucifer y otros más de su estirpe. Además, el Diablo sólo fue registrado en el año 446, después de Cristo, en el "Concilio de Toledo".

zada del Cielo y el Infierno, tan arraigada entre sus adeptos?

Ramatís: Considerando que la humanidad no mejoró, a pesar de la invitación constante del Cielo y el Infierno, el sacerdocio católico y las comunidades protestantes, hace mucho que deberían haber esclarecido la mente de sus fieles, haciéndoles comprender que Dios no es un bárbaro impiadoso que castiga eternamente a sus hijos. Ni tampoco se trata de un Dios que distribuye favores y premios celestiales, a los fieles seguidores de sus doctrinas religiosas preferidas en la tierra, ni es un soberano vengativo, cuyo amor propio hieren los simpatizantes de otros credos religiosos. El Cielo y el Infierno son conquistas del alma trabajadora, que dirige sus acciones hacia el servicio desinteresado al prójimo y no trata de explotar a su hermano en todos los aspectos.[9]

Considerando que pocas almas desencarnan libres de cualquier tipo de mancha o pecado, lo común es que la duda o el miedo siempre acompañen a la mayoría de los "fallecidos", después del ingreso al más allá, donde las macabras creaciones mentales por la perspectiva del infierno, los deja alucinados y a merced de otras contingencias nefastas. La estulticia enseñada por los dogmas católicos y la iglesia reformista, no ayuda a esos pobres espíritus, pues no les da la mínima esperanza de salvarlos, o la gracia de retornar al hogar amigo dejado en la tierra, en una próxima reencarnación.

***Pregunta:** A través de vuestras palabras, suponemos que los espiritistas o adeptos a los credos liberales, como el Rosacrucismo, la teosofía, el yoga o la Umbanda, después de desencarnados sufrirán menos en el más allá, a causa de su mayor conocimiento de la realidad espiritual. ¿Es así?*

Ramatís: En verdad, esos adeptos citados saben que el Infierno es un cuento infantil, porque el peor sufrimiento del mundo astral es provisorio, y se tiene la esperanza de una re-

[9] Fragmento extraído de la obra ***Liberación***, dictada por el espíritu de André Luiz a Chico Xavier, edición de la "Librería de la Federación Espirita Brasileña", que esclarece respecto de la realidad del Infierno: "Por lo tanto, no tenemos círculos infernales, de acuerdo con las figuras de la antigua teología, donde se muestran indefinidamente los genios satánicos de todas las épocas, y sí, esferas oscuras, donde participan conciencias embotadas en la ignorancia cristalizada en el ocio reprobable o confundidas en el eclipse temporal de la razón". Cáp. I - "Escuchando Esclarecimientos".

cuperación espiritual, por la Bondad y Magnanimidad de Dios.

Toda alma egresada de los mundos primarios trae en sí, simbólicamente, un poco del Infierno, pero es insensatez religiosa, torturar la imaginación humana y predisponer al espíritu desencarnado, a la angustia mental de juzgarse condenado al eterno sufrimiento. Muy al contrario de la fe católica y protestante, la doctrina espiritista esclarece sanamente respecto de la existencia de un Padre amoroso e incapaz de castigar a sus hijos, proporcionándoles nuevas oportunidades de redención espiritual mediante de la reencarnación.

Pregunta: ¿Cómo se verifica esa indeseable condición mental, impuesta por la imprudencia del sacerdocio dogmático, sobre el Infierno y el Diablo eterno, y que provoca en los desencarnados, las incontrolables alucinaciones e ilusiones en el más allá?

Ramatís: Así como las creencias sombrías y fantasmagóricas de las morbosas leyendas crean estados de temor y angustia en los sistemas nerviosos debilitados, las descripciones pavorosas que las religiones dogmáticas hacen del Infierno y del histórico Satán llegan a alterar el equilibrio psíquico y fijan en sus fieles, los cuadros tenebrosos y enfermizos que, aun después de la muerte corporal, permanecen vivos en la tela mental, para miedo y desesperación del alma pecadora.

Bajo tal condición ideoplástica, se producen alteraciones tan intensas que impiden la ayuda de los espíritus guías y mentores, confundidos por los "morbosos clichés" profundamente impresos en el mental de esas almas perturbadas.

Pregunta: Considerando que el Diablo es una leyenda o una figura simbólica creada por el hombre por sus maldades, a través de sus manifestaciones malignas, ¿el sacerdocio católico trata de neutralizar este asunto con el exorcismo?

Ramatís: Es de sentido común, entre los espiritistas y umbandistas, que los cuadros de pavor e incontrolable manifestación, no dejan de ser acontecimientos producidos por espíritus de criaturas fallecidas.

Aunque esos hechos asuman características terroríficas y hediondas, que parecieran justificar la presencia de Satán, así mismo, no pasan de ser actuaciones de espíritus obseso-res que ejercen su venganza contra los adversarios encarnados. Y, cuando esos seres obsesores perciben que sus víctimas creen infantilmente en la existencia del Diablo, se aprovechan para debilitarles cada vez más el equilibrio mental y anímico.

Aquí queda una enseñanza: es muy difícil para el espíritu obsesor atrapar a un hombre sensato, bueno y lúcido y que no cree en la leyenda del Diablo. Se le vuelve muy difícil la posesión de su cuerpo.

No hay duda de que ciertas manifestaciones de espíritus vengativos, demuestran en el campo físico características, intenciones, insultos, mentiras y cinismo tan chocantes, que se pueden atribuir al tradicional y temido Satanás, el más inmoral de los seres después del hombre.

Pregunta:¿El espíritu diabólico puede tomar con facilidad el organismo de una persona viva y expulsarlo de su espíritu?

Ramatís: A ese respecto transcribimos una de las magníficas lecciones de Allan Kardec, que dice así: "El espíritu no entra en un cuerpo como en su casa, se identifica con el espíritu encarnado, cuyos delitos y cualidades son las mismas que las de él, a fin de accionar conjuntamente como lo hace el encarnado. No obstante, siempre es el encarnado quien actúa, conforme quiere sobre la materia de que se haya revestido. Un espíritu no puede sustituir al que está encarnado, por eso, este tendrá que permanecer ligado con su cuerpo hasta el término fijado para su existencia material".[10]

En consecuencia, es necesario que exista un "consentimiento", para que suceda la posesión, es decir, cuando el poseído se haya "subyugado", de modo que su voluntad se debilita y se vuelve impotente para vencer la fuerza oculta dominante, porque vibra en el mismo patrón ondulatorio o vibracional.

Pregunta: ¿En qué se resume ese "consentimiento", cuando el individuo ha sido elegido como víctima de un espíritu obsesor?

Ramatís: El consentimiento siempre es el fruto de la negli-

[10] *El Libro de los Espíritus*, Capítulo IX - "De la Intervención de los Espíritus en el Mundo Corporal" - "Poseídos", pregunta 473.

gencia, debilidad y corrupción o se debe a las causas kármicas. La conducta irregular, el procedimiento criminal, la especulación obscena minan las defensas del hombre, pues bajo la ley del libre albedrío, cuando se pierde la autonomía espiritual, esclavizados por los vicios y pasiones viles, es fácil y posible la intromisión de otra dirección indeseada. Las viviendas con puertas y ventanas abiertas, son fácil presa del amigo de lo ajeno. Las oraciones y el recto vivir son los mejores antídotos para las posesiones diabólicas, obsesiones o expoliaciones de los vampiros o espíritus de las tinieblas y mistificadores.

***Pregunta:** En el caso de los desequilibrados o deficientes mentales, ¿ellos renacen vulnerables o asediados por los espíritus diabólicos, o en el más allá están bajo el yugo de esas entidades perversas?*

Ramatís: Es también Allan Kardec, a través de los mensajes de los espíritus benefactores, quien responde a esa pregunta: "Muchos epilépticos o locos, que más necesitaban de los médicos que del exorcismo, han sido tomados por poseídos".[11]

El sensato Codificador del Espiritismo, en lo tocante a ciertas almas que quedan bajo la dependencia de los espíritus imperfectos, vengativos y gozadores, explica: ellas renacen con lesiones periespirituales, resultantes de conductas que atentaron contra el prójimo o de pensamientos pecaminosos, de distintos órdenes. El estigma periespiritual materializa en el cuerpo físico alteraciones orgánicas o fisiológicas, produciendo variadas enfermedades que en el campo de las psicopatologías, aparecen como simples alteraciones neurovegetativas, hasta la locura en forma peligrosa e incontrolable de las manifestaciones maníacas.[12]

***Pregunta:** ¿Qué nos podéis decir respecto del fenómeno incontrolable y colectivo llamado "convulsionarios"? ¿Eso es producto de los espíritus malhechores o vengativos?*

Ramatís: Hay que distinguir entre los fenómenos conocidos por "convulsionarios", las criaturas que sufren agitaciones y perturbaciones, casi siempre producto de obsesiones colectivas,

[11] *El Libro de los Espíritus*, capítulo "Poseídos".
[12] Sobre ese asunto, Nho Quóm, entidad campesina presente en nuestros trabajos mediúmnicos, dice así: "Son espíritus que nacen con defectos de fábrica".

provocadas por falanges de espíritus alborotadores o charlatanes y mistificadores, que pueden simular el mismo fenómeno a fin de demostrar que están relacionados con alguna inspiración divina o en contacto con seres sobrenaturales. Además, no es difícil la histeria colectiva, capaz de confundirse con el fenómeno convulsionario, cuando en una ondulación intermitente y en un ritmo inexplicable, un grupo de criaturas puede alcanzar la gama vibratoria, bajo la fuerza de un hecho infrecuente o dramático. Entonces, se rompe el equilibrio "psicofísico", así como sucede cuando con el paso o marcha de soldados en formación rítmica, un puente acaba destruido.

En el caso de la interferencia de falanges de espíritus, con el fin de producir males, escándalos o acontecimientos ridículos, operan aprovechando ciertas predisposiciones de los llamados convulsionarios, hasta alcanzar el "clímax" en la histeria colectiva.

Eso sucede en virtud del estado psíquico anormal de los convulsionarios, propenso a las crisis nerviosas; en un determinado momento, puede extenderse a la gran masa de la población, como es el caso de los reclusos en las penitenciarias, nosocomios, instituciones religiosas y hasta un villorrio pacífico, como se ha registrado en vuestro mundo.

Todo eso sucede por un efecto simpático o antipático, cuando las disposiciones pre-mórbidas del comportamiento colectivo se asemejan, siendo fácil la reacción en cadena del fenómeno. En consecuencia, se produce una disposición inusual, que imanta a todos los participantes en un mismo frenesí, permitiendo que decenas, centenas y hasta millares de criaturas alcancen el fenómeno tildado de convulsionario.[13]

Pregunta:Aunque consideremos que el Diablo no existe y que toda manifestación maligna es por la presencia de espíritus malos, simulando configuraciones diabólicas, ¿las fórmulas clásicas del exorcismo de la Iglesia Católica pueden actuar eficazmente a esos espíritus perversos y subversivos?

Ramatís: —Jamás un rosario de exhortaciones bíblicas, anatemas o sentencias religiosas consigue éxito para apartar

[13] Considerando las investigaciones recientes realizadas en New York, donde se demostró que el 80% de la población presentaba entre graves y mínimas alteraciones psíquicas, y predominaban las alteraciones del potencial eléctrico cerebral, es fácil comprender cómo se producen las grandes crisis convulsivas colectivas.

a cualquier espíritu intruso, del cuerpo carnal, al cual gobierna por descuido o debilidad del propio dueño. El exorcismo clásico sólo causa diversión a los espíritus gozadores, mientras que las entidades más vengativas y vanidosas, reaccionan violentamente porque se sienten insultadas o heridas en su orgullo, cuando se las llama demonios.

Los espíritus capaces de subyugar a alguien en la materia, son bastante aptos e inteligentes como para evaluar y analizar las ridículas e inocuas ceremonias religiosas, por más seriedad que tenga el exorcismo. Hace siglos que la Iglesia Católica pretende expulsar al demonio, por medio de preces y conjuros. Los sacerdotes tienen la ingenua convicción de que pueden apartar fácilmente a los "demonios" por el simple hecho de rociarlos con agua bendita, o enfrentarlos con la imagen de Jesús crucificado. Mal saben que en el momento de la representación del exorcismo, los espíritus intrusos se ríen a mandíbula batiente, por el esfuerzo de querer apartarlos como demonios. Jamás ellos se sienten afectados por rezos y llantos compungidos, o por las dramáticas señales de la cruz.

Pregunta:A través del Evangelio sabemos que Jesús expulsaba los demonios. ¿Eso no era un exorcismo?

Ramatís: La sublime graduación espiritual de Jesús y su simple presencia eran suficientes para apartar las entidades malignas.

La figura del arcángel Miguel expulsando al Diablo de su presencia, el que retrocede acobardado ante la refulgencia de su luz, es uno de los símbolos más significativos, comprobando que los espíritus atrasados no resisten la presencia del ángel, así como la luz y el calor de la explosión atómica, ciega al observador que no protege debidamente sus ojos.

Jesús, en su inmenso campo de luz sideral, modificaba cualquier estado vibratorio y producía enormes claros de luz en medio de las sombras, desintegrando los densos fluidos de la vida inferior. No era un simple exorcista dispuesto a este o aquel ritual, y no era tan ingenuo como para creer que bastaría con rociar un poco de agua bendita o recitar algunas frases bíblicas sobre el poseído, para que el demonio o espíritu perverso se apartara. El era la Luz Divina, limitada a un cuerpo carnal perecedero.

Pregunta: Puesto que el exorcismo no va más allá de un verbalismo inútil y hasta ridículo, ¿cuál sería el recurso más eficiente y sensato, para apartar a los espíritus endemoniados de sus víctimas indefensas?

Ramatís: Realmente, son inocuos los exorcismos, los ritos, ceremoniales cabalísticos, los sahumerios, invocaciones o talismanes mágicos para apartar a los obsesores, que son refractarios a cualquier excomulgación, excepto, la presencia y exhortación de una persona con condiciones morales y espirituales elevadas.

Los tradicionales exorcistas precisan comprender que las almas obsesoras también hacen justicia a derechos e indemnizaciones por parte de las víctimas, porque es de ley kármica, que "la siembra es libre y la cosecha obligatoria", o que "el hombre pagará hasta el último céntimo", en el proceso obsesivo, es decir, alguien se cobra de aquel que le está debiendo. El exorcismo sensato, provechoso y eficiente para expulsar al llamado demonio, aún sería la simbólica "mesa redonda", donde se examinan fríamente los problemas anteriores (encarnaciones) de orden espiritual, entre el verdugo y la víctima. Jamás lo serán el griterío melodramático con sus gestos teatrales, ni las palabras cabalísticas o invocaciones divinas, para apartar al implacable "cobrador kármico", adherido a la residencia carnal del deudor, cobrando la indemnización de acuerdo con la Ley. Además, en cualquier terapéutica de orden psíquico, valen más la naturaleza sublime y el entendimiento fraterno del pretendido exorcista, que la cultura del teólogo, jerarquía religiosa, o el pseudo poder sugestivo del entendido en "expulsar demonios".[14]

En base a la Justicia de Dios, jamás el inocente será asediado, así como la criatura o el adolescente, no será castigado

[14] Nota del Sensitivo: Recuerdo el filme "El Exorcista", donde después de alguna atmósfera de "suspenso" cinematográfico, se profundiza en este género. Psiquiatras y sacerdotes intentan expulsar al temido Diablo que atormenta a la niña "eje" del drama, durante dos horas de proyección. A mi mente viene el recuerdo inolvidable de lo que sucedió en un lugar de la Umbanda, donde los viejos negros y salvajes desencarnados, llegaron a expulsar a una docena de pseudo demonios, en una sola noche, sin hacer alardes de entendidos, ni proyecciones de ninguna especie. Sólo hubo manifestación de Amor y caridad por el prójimo.

con las mismas penas que se dispone para los adultos. En todo cuadro de obsesión, siempre existe un culpable y un vengador; una víctima y un verdugo, y comúnmente, quien se venga, juzga que está en su derecho de cobrar lo que se le debe y que es obra del otro. En ese caso, la Ley Espiritual determina cuáles son los pagos y las debidas correcciones para la víctima, independiente de la acción del que actúa en contra; el que será advertido que existe una rectificación si se emplea la ley del amor por parte del deudor, que se entrega a obras de bien, debiendo como verdugo, ajustarse a lo que dice el Evangelio "El escándalo ha de venir, pero hay de aquel que interviene".

El anacrónico exorcismo dejará de existir, cuando el hombre consiga vivir en paz y armonía con los demás seres del Universo, como lo demostró el propio Cristo, que irradia vibraciones de un amor puro, para todos los hermanos creados por Dios.

EL SUICIDIO

Pregunta: ¿Cómo se observa desde el campo espiritual, el problema del suicidio?

Ramatís: No debemos olvidar que la siembra es libre, pero la cosecha obligatoria, por lo tanto, el suicidio debe interpretarse como patológico o a causa de la desesperación producida por la pérdida de bienes materiales, o bien por pasiones insatisfechas, además, por el deseo de castigar con ese procedimiento a otra persona. En cualquiera de los casos, este hecho continúa siendo un crimen y, en consecuencia, está sujeto a las penalidades legales, comenzando por el hecho de que el suicida debe encarnar nuevamente, para concluir el ciclo de vida interrumpido, y después, otra reencarnación de riesgo para recoger la siembra de lo sembrado, saldando su débito en la contabilidad sideral, perdiendo tiempo y energía en su evolución espiritual.

El suicida es el candidato a asumir las severas responsabilidades, porque asumió el derecho de una vida para su progreso espiritual, pero no cumplió, por lo tanto debe responder ante la Ley. Además, aumenta su saldo negativo ante la ley de acción y reacción.

Pregunta: En el caso de las enfermedades mentales, como por ejemplo la Psicosis Maníaco-Depresiva, ¿está sujeto a esas penalidades?

Ramatís: Según los criterios médicos, las enfermedades puedes ser hereditarias, degenerativas o infecciosas. Y a las depresiones mentales, de cualquier origen, hoy se las considera como genéticamente transmisibles. Espiritualmente, serán contempladas por la programación espiritual, como resultante de la condición primaria del ser, de sus vicios, pasiones, sentimientos impuros, acciones dolorosas que perjudican a sus semejantes y sobre todo, por las agresiones alcohólicas, del tabaco, sustancias alucinatorias, que sobrecargan la contextura sutil del periespíritu, con material denso e inapropiado para su futura ascensión angélica.

Jesús dijo: "Vosotros sois dioses", y ninguno podrá alcanzar la divinidad, sin antes haber vestido el traje resplandeciente e inmaculado, para asistir a las bodas eternas con el bien y el amor.

Así se puede permanecer en los valles de las tinieblas, por milenios. No obstante, la centella divina de cada uno busca la luz de donde vino, para poder brillar conforme con su destino, desde que comenzó su individualización en el seno del universo.

Pregunta: Quisiéramos, si es posible, que nos esclarecieseis sobre el suicidio por enfermedad.

Ramatís: Siempre existe una alteración mental en los casos de suicidio, no importa que esa alteración sea producto de una enfermedad, como el cáncer, o de los abusos de las sustancias psicoactivas, o de cualquier otra causa exterior. El motivo fundamental reside en el periespíritu, por ser el registro de la memoria del individuo en sus vidas; desde el electrón al hombre o el "akhasa" de los maestros indios, que podríamos interpretar como la memoria de Dios manifestándose en la energía grosera, la cual manda vivir y evolucionar siempre y no buscar la muerte ficticia, como ascenso en la vida. La muerte es una simple transformación de la forma en energía.

Cualquiera que sea la razón del suicidio, sólo produce demora en la evolución espiritual y muchas veces, en los casos de enfermos terminales, malogra el rescate kármico, cuando casi estaba realizado, de modo que el espíritu, para completar el tiempo restante, retorna a la tierra para una nueva experiencia, pero como agravante de su deuda.

Pregunta: ¿No constituye un atenuante en los casos de suicidio, el hecho de que el móvil haya sido por honra o dignidad, o bien por la pérdida de sus bienes?

Ramatís: La Ley considera cada tilde o coma de la acción humana y de su motivación. Todo se pesa con extrema medida y exactitud. La honra y la dignidad humana se tienen en cuenta, como efecto de una educación dentro de los patrones superiores de la conducta humana, y también se observan y computan la cantidad de vanidad, orgullo y otros defectos de los humanos; todo eso será adicionado al aumento de la cuenta kármica, para la próxima encarnación, pues la necesidad de nuevas experiencias en la materia tendrá que hacerse en situaciones más precarias.

La pérdida de los bienes materiales como causa de auto exterminio se considera un agravante y merecerá un reajuste muy penoso, porque el espíritu encarnado nada tiene y nada lleva consigo del universo de la forma, a no ser el bien practicado, el amor desinteresado y la sabiduría adquirida. Eso representa los tesoros del cielo, el resto son los bienes terrenos que pasarán a ser corroídos por la herrumbre y el tiempo.

Pregunta: Hemos sabido de algunos casos de jóvenes desilusionados por desengaños amorosos o por no aceptar las restricciones familiares. Además, están los cónyuges separados, que dejan un mensaje culpando a alguien como causa de su suicidio. ¿En qué consideraciones entran estos casos dentro de la Ley?

Ramatís: ¡No! Siempre se debe recordar la diferencia entre la vida eterna y la vida cíclica. La primera es la consecuencia de todo el acervo acumulado en el periespíritu, mientras que la segunda es el reflejo de ese cúmulo en el instante fugaz de una existencia terrena.

Se sabe que el ascenso espiritual es el producto del trabajo constante de la razón humana para vencer los impulsos instintivos de la animalidad. Por lo tanto, en los casos de frustraciones en nombre de un pretendido amor o de una pasión irrefrenable, causando el acto irracional de la muerte, sólo demuestra el atraso de la individualidad, que necesita del debido correctivo pedagógico en la sublime escuela de la vida.

Lo mismo podría argumentarse respecto de los adolescentes rebeldes que se eliminan para castigar a los padres, cuyo único interés es la felicidad de ellos, educándolos para que sean ciudadanos útiles y responsables en la sociedad.

Pregunta: ¿Nos podríais hablar sobre el juzgamiento Su-

perior en los casos de suicidios inducidos por el uso de las drogas?

Ramatís: En esos casos, representan una doble trasgresión, la eliminación del cuerpo físico, como medio para la manifestación del periespíritu y la higiene mental en la preservación del cerebro orgánico, principal vehículo de la manifestación de la esencia en la forma.

Las drogas siempre fueron usadas en los cultos antiguos y hoy, ahí están, siendo fácilmente adquiridas. De la mayoría que la experimenta, sólo una pequeña parte se vuelve dependiente o adicta.

Pregunta: El hábito del alcohol también lleva a las alteraciones mentales y muchas veces al suicidio, y como es una costumbre socialmente admitida, ¿será culpa de la sociedad y no del individuo?

Ramatís: Si así pensamos, como también lo hacen algunos sociólogos, el individuo nunca tendría culpa y juzgaríamos a la sociedad como delincuente. Téngase en cuenta que, según la antropología, primero habría aparecido el hombre, después se reunieron en familias, los cuales formaron grupos que, reunidos, constituyeron tribus y progresivamente avanzaron hasta alcanzar el estado social actual, con las complejidades por todos conocidas.

La evolución natural del hombre como agente de los usos y costumbres sociales, se evidencia por las propias transformaciones de las agrupaciones humanas, y es el hombre enfermo el que hace al ambiente enfermizo, y cuando evoluciona del egoísmo al altruismo, se obtiene una sociedad más justa e igualitaria. No es la modificación del medio lo que ha de transformar al hombre, como pregonan ciertos adoctrinadores sociales, sino es el ser humano cuando se adhiere a los postulados de la eterna sabiduría, encontrada en las enseñanzas de los grandes maestros espirituales. No es el ambiente el que hace al hombre, sino que el hombre es el agente transformador del ambiente, bajo todos los aspectos.

Pregunta:Y en los casos de suicidios colectivos, inducidos por falsas creencias o líderes, ¿cuál es la actitud de los espíritus Superiores o puros en la evaluación de la culpa?

Ramatís: No hay que olvidar el "libre albedrío", facultad desarrollada por el espíritu en su camino hacia la "angelitud".

Si cualquier persona dejara de usar esa cualidad esencial, ella pasaría a ser una especie robotizada, pues deja de usar deliberadamente la facultad más importante, que es la ***razón*** humana, una de las alas de la evolución espiritual, por lo tanto, le corresponderían las sanciones de la Ley.

Pregunta: ¿Nos podríais aclarar ese aspecto, un poco mejor?

Ramatís: En el universo existe la complejidad de la esencia en la forma, pero las leyes que rigen esa manifestación son muy simples, y podrían ejemplificarse con algunas frases evangélicas: "A cada uno le será dado de acuerdo con sus obras, o pagaréis hasta el último centavo, de la deuda contraída" y. como se dice comúnmente; "como deseáis que os traten, también debéis tratar a los demás".

No existe privilegio para ninguno. En los niveles superiores de la vida existe la igualdad de derechos, y para todos, las causas son tenidas en cuenta, pero sobre todo, el libre albedrío.

Pregunta: Fuimos informados anteriormente que, ciertas tendencias, están grabadas en el periespíritu y pueden ser determinantes de malograr la existencia, por lo tanto, ¿cómo se debe interpretar entre el libre albedrío y el determinismo?

Ramatís: Allan Kardec con su sabiduría y siguiendo las nociones de su época, dividió a los espíritus en tres órdenes: imperfectos, espíritus buenos y espíritus puros.

En cuanto a los primeros, dice que hay preponderancia de la materia sobre el espíritu: propensión al mal; ignorancia, orgullo, egoísmo y todas las otras pasiones. Tienen la intuición de Dios, pero no consiguen comprenderlo.

En el segundo orden, predomina el espíritu sobre la materia y su tendencia hacia la perfección. Los espíritus puros, a su vez, son los que consiguieron liberarse de las influencias instintivas materiales.

Analizando el primer orden de espíritus, los clasifica así: impuros, livianos, pseudo sabios, neutros y perturbadores; el segundo orden, lo subdivide en: benévolos, sabios y superiores.

Los espíritus puros son conocidos, por las creencias religiosas, como ángeles, arcángeles o serafines.

En caso de profundizar ese estudio, si hubiera más órdenes

y clases, basta con lo enunciado por Kardec en esos tres términos, para comprender el libre albedrío, que es patrimonio de los espíritus puros, inclusive el reencarnar. Mientras tanto, el determinismo es el resultado de la aplicación de la ley, a todos aquellos cuya evolución depende de la vida carnal y no tienen, por causa de la ignorancia, las condiciones de autodeterminarse. Vemos en el mundo material la acción nefasta de esos espíritus, apartados de la ley, asumiendo el poder en una comunidad. Son los implacables dictadores, los torturadores, los corruptos y corruptores, aportando enorme perjuicio a la comunidad en su desarrollo.

Por desgracia, los espiritistas que se dicen "Kardecistas" ortodoxos, no conocen las importantes enseñanzas del maestro y no tratan de vivirlas, pues creen estar bastante condicionados al término de espiritualistas y ser espíritus puros y liberarse de las reencarnaciones. Se consideran nuevos Mesías de la "buena nueva Kardecista", lo que demuestra su estado de ignorancia de las leyes eternas, cuyos velos fueron levantados por Allan Kardec.

Pregunta: ***Aún nos quedan dudas sobre las nociones del libre albedrío y el determinismo y nos agradaría un esclarecimiento mayor.***

Ramatís: Pablo de Tarso enseñaba que se debe dar alimentos de acuerdo con la edad de cada uno. Haciendo una analogía con el sistema educacional, podría decirse que, en la guardería, la criatura es atendida por los asistentes, quienes ayudan en las necesidades primarias de la alimentación y la higiene, pues los pequeños son dependientes casi por completo.

En el jardín de infantes, la criatura comienza a desarrollar la senso-percepción del ambiente; no obstante, deberá ser orientado por instructores. Al iniciar el primer grado, ese niño tiene sus tareas asignadas y un programa determinado que cumplirá con la orientación de los profesores, quienes hacen lo posible para el perfeccionamiento, a través del aprendizaje.

En los años más avanzados, existe cierta libertad para escoger este o aquel camino para su futura especialización. El método pedagógico es más flexible, otorgando al estudiante una noción más adecuada de la responsabilidad y el deber, cuyas raíces fueron lentas y progresivamente cultivadas desde los niveles inferiores. En fin, llegamos a la facultad, donde la función del educador es de simple orientación y evaluación, dejando toda la responsabilidad al individuo. El debe decidir cuál es la mejor opción para transformarse en un buen o mal profesional, en un humanista o en un egoísta, en sabio o en pseudo sabio, o escoger un ideal divino, espiritual, humano o material, para después sufrir el juzgamiento por la opción propia.

Por lo tanto, el libre albedrío es una conquista del espíritu en busca de luz, mientras que el determinismo es el resultado de un plano evolutivo peculiar de cada uno.

***Pregunta:** Nos falta esclarecimiento respecto al karma de los líderes que inducen a un suicidio colectivo. ¿Cuál es vuestra explicación?*

Ramatís: Según algunos teóricos sociales, los líderes de grupos fueron escogidos por la fuerza física, después por ser el mejor guerrero y, así fue evolucionando, hoy día, por ser el más hábil político o el más brutal dictador.

En cada uno de esos procesos, se encuentran el líder y los liderados, cuyas reminiscencias permanecen en la memoria periespiritual, y en un momento dado, se instala en el grupo, en función de sus necesidades kármicas. No obstante, todos tienen el libre albedrío de seguir o no la orientación de su líder, dependiendo del grado de fanatismo, fruto de la ceguera espiritual, y en esos casos, tendrá que retornar en una nueva encarnación para cumplir con los dictámenes kármicos.

***Pregunta:** Sin embargo, ellos fueron inducidos por alguien al suicidio, por lo tanto, nos parece que su responsabilidad es casi nula, y recae sobre el que induce al error. ¿Es así?*

Ramatís: Está escrito en la ley: "No asesinarás, lo que es igual a no matarás". ¿Qué es el suicidio? ¿No es matarse a sí mismo? Dentro de la teoría de la evolución espiritual, de lo que estamos tratando es de un retardo de ese proceso evolutivo y no sólo para su persona, sino para otros que dejaron de reencarnar y evolucionar. Además del daño personal, se debe considerar el perjuicio para la colectividad.

Respecto del líder, simplemente es un detonador psíquico de las tendencias oriundas del periespíritu de sus lidera-dos que, en épocas pasadas, pertenecieron todos a un mismo conjunto de almas endeudadas a causa de las tropelías cometidas en las conquistas de pueblos o en personas. Fueron ejecutantes de la Santa Inquisición, o bien, de otros grupos religiosos fanáticos, que hablaron y procedieron en nombre de Jesús, mientras olvidaban los fundamentos esenciales de su sabiduría que dice:

> ¿Puede un ciego guiar a otro ciego?
> ¿Por qué me llamáis Maestro, pero no hacéis lo que yo digo?
> Muchos vendrán en mi nombre y dirán:
> Soy yo: "El Tiempo se aproxima".
> ¡No vayáis detrás de él!

Son advertencias, pero en vez de seguir las enseñanzas magistrales de Jesús, se quedan escuchando a los falsos profetas y cumplen con los dogmas humanos, con su ritualismo infructuoso, perdidos en esos engaños y mentiras, pues el verdadero camino es el Evangelio.

Pregunta: En el caso del honroso harakiri de los nipones que forma parte de una cultura, ¿qué sucede ante la ley?

Ramatís: Sobreponiéndose a la cultura, están los instintos primitivos, que son más sabios, pues hablan de la conservación de la vida en todos los campos del universo. El harakiri pertenece a una vieja civilización de los orgullosos samurais japoneses y ante esa predisposición, es la resultante del orgullo de cierta clase y no un fenómeno global, sobre todo, dictado por el cáncer anímico de la soberbia, común en otras épocas, pero inaceptable en el mundo moderno. La ley mayor se hace sentir en el debido tiempo y lugar.

Pregunta: ¿Habrá algún esclarecimiento más que nos pudierais dar sobre el suicidio?

Ramatís: Creo que han sido esclarecidos los puntos más importantes, especialmente, los relacionados con ese procedimiento llamado suicidio, que se suma a la carga deletérea del periespíritu, contrayendo nuevos compromisos con la ley del karma.

Se podrá hablar de agravantes o atenuantes, pero el débito deberá saldarse por el amor o por el dolor.

EUTANASIA

Pregunta: Según el concepto, eutanasia sería la muerte sin sufrimiento; la muerte feliz en el sentido orgánico, pero en el aspecto espiritual ¿cómo se interpreta?

Ramatís: Para los espiritistas reencarnacionistas es un desperdicio de tiempo y energía, apresurar la desencarnación de cualquier persona. Muchas de ellas necesitan quedar un tiempo más en el cuerpo carnal, pues se debe cumplir con los dictámenes kármicos, de no ser así, se vería obligado a una nueva vida material para completar el tiempo necesario, a fin de drenar las energías deletéreas.

Pregunta: ¿Aunque se trate de enfermos terminales, sin cualquier posibilidad de cura y padeciendo dolores atroces?

Ramatís: Sí, y las mismas leyes humanas, como reflejo de los principios que rigen el universo, lo considera crimen ante los códigos legales. Las religiones dogmáticas la clasificarían entre los pecados.

Repetimos. Ninguno tiene el derecho de quitar la vida a otro ser, aun en los procesos dolorosos e insoportables y que resisten a los potentes analgésicos, y aun cuando la previsión de la ciencia oficial determinara que no hay más posibilidad de vida.

El tiempo de vida de cada criatura es el resultado de sus necesidades evolutivas en la experiencia de la vida terrenal, considerando el ascenso espiritual.

¿Cómo puede el hombre —ciego para el mundo mayor— arrogarse el derecho de modificar el desarrollo anímico del individuo, si desconoce las razones de la vida y de la muerte?

Aparentemente, puede liberar al enfermo de sus aflicciones dolorosas, pero no lo libra de sus obligaciones espirituales en el universo paralelo, de la materia quintaesenciada. En Esparta —en la Grecia clásica— se arrojaba desde un acantilado a las criaturas con defectos físicos o psíquicos, como un proceso eugénico de eliminar a los seres socialmente inútiles. Eso sucedía en una etnia bastante bárbara y primitiva.

En circunstancia alguna, por racional que sea la argumentación, no cabe al hombre el derecho de deliberar o juzgar sobre la vida y la muerte de su prójimo o de su propia vida. Cada criatura trae un programa de vida, al dejar el más allá para encarnar. Ese programa de vida está previsto en varios proyectos: profesional, social, familiar, donde están condicionadas las metas máximas y mínimas, dentro de un tiempo determinado. Además, su periespíritu trae cargas pesadas de energías negativas que, en el proceso personal de limpieza, no deja de ser un secante o esponja carnal, con los dolores y angustias debidos a su idiosincrasia espiritual.

Por desconocer esos preceptos de la ciencia espiritual, el enfermo se juzga incapaz de aguantar el sufrimiento y pide la muerte como alivio final, sin saber los dolores que le seguirán acompañando en el otro mundo. Hay alivio de los padecimientos corporales y no de la individualidad eterna, pues la eutanasia interrumpe el proceso de desintoxicación psíquica de los residuos kármicos adheridos al periespíritu como resultado de las imprudencias cometidas en vidas pasadas y aun en la actual.

Innumerables casos de muerte clínica se relatan en medicina, mientras tanto, por paradójico que parezca, regresan a la vida a causa de necesidades evolutivas.

***Pregunta:** ¿No habría un cierto masoquismo por parte de Dios, al crear en un mundo físico, a criaturas enfermas orgánicamente o psíquicamente defectuosas de nacimiento?*

Ramatís: Si entramos en elaboraciones teológicas sobre Dios y quedamos solamente en nuestro planeta; pero no olvidemos que la tierra es un planeta escuela de primer grado en lo que se refiere a educación espiritual, cuya finalidad es enseñar el abecé al espíritu en evolución sobre lo que es el amor al prójimo y a sí mismo, y con ese objetivo, se usan varias técnicas pedagógicas.

Debido a lo primario en lo emocional y en los sentimientos humanos, muchas veces los maestros se ven obligados a usar ciertas técnicas aparentemente desagradables, recordándonos la advertencia crística (en Mateo). "No deis a los perros lo que es sagrado, no arrojéis vuestras perlas a los cerdos, para que no las pisoteen y se vuelvan contra vosotros".

La Ley Divina, en su objetivo mayor, se sirve de una didáctica, a veces poco ortodoxa, para proporcionar a las personas un rápido regreso a la escala evolutiva. La ley reeduca, no castiga.

Por lo tanto, formalizar la práctica de la eutanasia es una intervención inoportuna que no permite al enfermo completar su limpieza periespiritual, conforme con el plan reencarnatorio planeado por los maestros espirituales, dentro de una práctica divina.

Es de conocimiento espiritualista que el dolor concentra las energías internas del espíritu, fortaleciendo de esa manera, los intentos sublimes de reconfortarse ante la agresión de la enfermedad o bien, estimulando nuevas reflexiones e intentos sobre nueva programación de vida.

Ante lo expuesto no podemos decir que hay injusticia por parte de la Divinidad, pues el hombre con sus torpezas, crea las situaciones dolorosas para sí y para quienes contraen deuda por sus procedimientos errados o por negligencia. Toda la relación social forma un grupo de rescate a causa de las relaciones desarmónicas del pasado. Dios nada tiene que ver con los compromisos creados por el hombre en su sentir primario, por lo cual, asumiendo la eutanasia, sería una forma poco inteligente de pretender evadir las obligaciones creadas anteriormente.

La eutanasia es el resultado de una falsa compasión, en desmedro de los que compadecen ante la ley. Siempre es un delito ante la ley de los hombres y ante Dios, porque interfiere un programa establecido, cuya meta principal es la liberación y la felicidad eterna del hombre.

***Pregunta:** En el caso de que el enfermo solicite la muerte, ante la imposibilidad de cura, y de no soportar los dolores, aun así, ¿es considerada una trasgresión a la ley mayor?*

Ramatís: Sólo puede disponer de la vida su Creador y es Él el único que puede determinar lo más conveniente. Quien acciona en contrario demuestra desconocer los designios vivenciales, cuya finalidad es promover la ventura eterna de sus hijos.

Pedir la muerte por eutanasia es una forma de acelerar la autodestrucción consciente; es un suicidio deliberado, según afirman los maestros de la espiritualidad. El hombre es el producto de sus pensamientos, por cuyo motivo debe sufrir los efectos buenos o sanos de su vida particular. Bajo cualquier hipótesis, el enfermo que no tenga probabilidad alguna de sobrevivir, que nació estigmatizado por una enfermedad crónica o defecto anatómico, aun así, está recogiendo los efectos que sembró por su propia voluntad. Bajo la Ley del Karma, "cada uno recoge según sus obras". Por lo tanto, es tan condenable la práctica de la muerte piadosa por la eutanasia, como pedir o exigir la muerte, como forma de un suicidio deliberado.

Como ninguno sabe con seguridad el tiempo de vida del paciente y pretende aliviarlo de sus sufrimientos, entorpece los designios divinos, pues pone obstáculo a la planificación programada por el Señor y a la libertad espiritual del moribundo. La enfermedad, por crucial que sea, prepara al hombre para su verdadera vida espiritual. Y los dolores y sufrimientos, como dijéramos en otra parte de esta obra, efectúan la limpieza del periespíritu, pues debe alcanzar el mundo superior, vistiendo la "túnica nupcial" de la invitación propuesta por el Maestro.

Pregunta: ¿No está afectando los principios del libre albedrío, el hecho de que el hombre no pueda disponer de su vida, como lo desea? Si la existencia le es insoportable, ¿no puede pedir la muerte para cesar sus dolores insoportables?

Ramatís: Lo importante es saber que sólo dispone de la vida del hombre quien lo creó. Hay un programa para cada ser, cuya finalidad es conducirlo a la ventura eterna. Los dolores y sufrimientos son etapas que el hombre debe vencer para su felicidad. Ha de proceder como el alumno estudioso y dedicado; la criatura humana debe responder sus lecciones de vida, con cariño y corrección. Además, todas las vicisitudes y sufrimientos humanos son transitorios; sólo la felicidad es eterna...

Pregunta: Los seres humanos, creados por Dios, ¿no tienen derecho a una consulta previa, si deben nacer o tener conciencia? ¿Debiera o no ser consultada, si prefiere existir en conciencia individual, en el seno de la Conciencia Divina? Siendo así, debe saber si sufre posteriormente los efectos de sus equívocos, como resultado de su ignorancia. ¿Razonamos bien o mal?

Ramatís: Sucede que el espíritu del hombre sólo puede decidir si desea vivir o continuar inexistente, en fusión con la Divinidad, después que se vuelve una criatura consciente de sí misma, es decir, cuando posee una conciencia individual que pueda decidir sobre su destino. ¿Cómo podrá responder si aún no está individualizado? Probablemente, cuando el espíritu sea totalmente consciente de sí mismo, un perfecto iniciado, entonces podrá decidir su destino: — ¡Ser o no Ser!

Pregunta: El médico, después de haber usado todos los recursos científicos a su alcance y no pudiendo minimizar los dolores y sabiendo que es un enfermo terminal, ¿podría con autorización de la familia y del enfermo lúcido y consciente, pedir que abrevie su vida? En ese caso, ¿hay dolo o culpa ante las leyes eternas?

Ramatís: Bajo cualquier alternativa, prevalece el "No matarás". El médico, en todas las circunstancias, es un sacerdote de la vida y no le es permitido interrumpirla. Si consideramos que donde el hombre falla, Dios trabaja, entonces, existe siempre una esperanza de que aparezca algo nuevo para el peor enfermo, o de que no ha llegado la hora final. Por lo tanto, el espíritu pone en movimiento sus energías divinas para su cura.

No se justifica que un programa cuidadosamente trazado en el mundo espiritual sea interrumpido, justamente, en el momento final del drenaje de las toxinas periespirituales hacia el cuerpo carnal, causando un perjuicio mayor, pues deberá retornar a la materia para completar el programa, en unas horas, días o en el tiempo necesario.

Pregunta: En el caso de los enfermos terminales asistidos con la técnica de los aparatos, además con respiración artificial, ¿podría el médico, con autorización o no de sus fa-

miliares, desconectar todos esos elementos, ya que es inútil mantenerlos?

Ramatís: Infelizmente, el médico, gracias a su desarrollo tecnológico, trata de equipararse a Dios. Los médicos que no aprendieron a ser humildes se sienten omnipotentes y tienen la falsa noción de poder mantener la vida, aun cuando la descerebración es evidente y existen pruebas de descomposición cadavérica. El espíritu, en esas condiciones, nada más puede usufructuar de aquel cuerpo sin energías, y cuyo desligamiento es difícil, pues queda retenido por el magnetismo celular en su instinto atávico de vida. De ahí en más, la naturaleza cumple con su función y la eutanasia en esta ocasión, no se aplicó, pues el proceso estaba finalizado. Atendiendo a la pregunta concretamente solicitada, sólo cumplimos en decir que, si el enfermo no terminó su ciclo de vida, sea en las condiciones que fuere, nada ni nadie tiene facultades para entorpecer las leyes divinas, sea doctor o familiar.

Pregunta: ¿Cuáles son los beneficios de orden espiritual que el hombre recibe, a causa de haber alcanzado el "clímax" de su dolor, y justifique que la eutanasia era como una necesidad?

Ramatís: Insistimos; el Creador siempre cumple con lo que programa, pues es la más alta sabiduría que, además, es ley; lo que no es igual, es lo que el hombre promete y no cumple, a causa su deshonestidad.

El patrimonio orgánico, que se le concede al hombre para evolucionar y conseguir su felicidad, el hombre lo consume indebidamente con banquetes pantagruélicos, con el tabaco y otras sustancias nocivas, o con medicamentos de todo tipo, entre los que destacamos los anorexígenos, los anticonceptivos y una vitaminoterapia innecesaria, en un intento por burlar a la naturaleza en su sabiduría eterna.

Aún se le deben sumar las tensiones emocionales y sentimentales de las pasiones degradantes, cuando se usa el maravilloso equipo carnal para agredir, torturar y perjudicar, llegando a exterminar a sus hermanos.

A pesar de tener conciencia desde la infancia, de que "debe cumplir hasta el último centavo de su deuda y no lesionar al prójimo", no atiende la sentencia que dice: "Quien con hierro hiere, con hierro será herido", o "la siembra es libre, pero la cosecha obligatoria". El hombre cierra sus oídos a esos avisos orientadores para una vida equilibrada. No obstante su estulticia y envanecimiento intelectual, cree que será capaz de burlar los fundamentos educativos para el perfeccionamiento que otorga la Ley del Universo, creada por la inteligencia suprema.

Al abusar sistemáticamente de esa Ley, el hombre debe someterse a las correcciones beneficiosas, desarrollando sus poderes internos en un curso iniciático, cuando para ese cometido viene programado. A causa de su primitivismo, la criatura humana aún no posee conscientemente los conocimientos esenciales sobre su figura "psicofísica", por eso ignora las sutilezas del mundo espiritual en su pedagogía excelsa. No es una entidad activa liderando a grupos humanos para alcanzar y actuar en los elevados niveles de la angelitud, sino un elemento individual en constante perfeccionamiento, bajo las directrices de las entidades supremas, que conocen la Ley Augusta del Padre.

Hasta su tiempo de vida espiritual en el Más Allá, la descendencia hereditaria, el ambiente educativo, las uniones familiares y sociales en la tierra son programadas sobre la base de leyes sabias y desconocidas por los terráqueos. Cuando se es joven, se vacila constantemente respecto de las razones del casamiento, pues llevado por el instinto animal, en vez de conformarlo con una unión afectiva, respetuosa, fraterna, ¡apenas se vuelve un motivo de satisfacciones sensuales! Igual sucede con las profesiones, los ideales y realizaciones futuras están esquematizados en su intimidad espiritual antes de nacer.

Conociendo muy poco de sí mismo es incapaz de trazar un plan definitivo para el futuro, de acuerdo con las reglas trascendentales que sabiamente inciden en los años de su vida en la tierra, o de entregarse al perfeccionamiento conforme con su intuición cuando es bien orientada o se ajusta a lo determinado por el karma.

En consecuencia, todos los beneficios que debe conseguir, jamás vendrán de las zonas inferiores del mundo material, donde actúa constantemente, pero cuando se eleva intuitivamente hasta los límites de los planes creadores de lo Alto —donde los Maestros y Guías suelen esquematizar los programas de los terrícolas—, allá sí que empieza a recibir lo que necesita, pero siempre por el esfuerzo único de su espíritu.

Por lo tanto, la eutanasia puede ser una censurable interferencia en un proceso de intensa purificación del paciente. No obstante, perturbando lo planificado por los técnicos del Más Allá, no se llega a justificar la medida que el hombre cree apropiada para evitar su propia reforma íntima y saludable.

Pregunta: Al referirnos a lo citado anteriormente: que el desarrollo de las facultades superiores del espíritu, sólo es posible, en el caso de tener una programación anticipada... ¿cómo explicar el caso de los garúes y maestros que brindan lecciones técnicas para adquirir poderes mentales?

Ramatís: Dicen los videntes y sensitivos que el hombre debe estar prevenido contra los llamados falsos profetas, a los cuales les agregamos los pseudo sabios. Debe tenerse en cuenta que son ciegos intentando guiar a otros con la vista deficiente.

El verdadero iniciado, que tiene responsabilidad sobre el bien o el mal que practica con sus hermanos, es silencioso, no dice poseer poderes mentales ni tampoco cómo desarrollarlos. Simplemente vive y deja vivir, no interfiere dando posibles soluciones a los problemas ajenos. Sólo se limita a exponer las variadas alternativas existentes para el que lo consulta, dejando a su responsabilidad la decisión, porque su programación interior y etérica es única, y sólo ella conoce y tiene las posibilidades de brindarle la mejor solución.

Se sabe de personas que frecuentan centros espiritistas o cultos africanos, esotéricos, centros masónicos, practican yoga o doctrinas de desarrollos espirituales, y después de esas prácticas o servicios caritativos durante años, continúan aparentando como siempre fueron; porque nada se pierde en el universo, esas prácticas de diversas índole desarrollaron el amor sobre la base del servicio al prójimo y al mismo tiempo, sensibilizaron su periespíritu para comprender intuitivamente la vida real, en sus llamados campos de manifestación.

Pregunta: Considerando que todas las enfermedades se manifiestan unas veces por la destrucción o por la deforma-

ción anómala de los tejidos orgánicos, ¿cómo podríamos concebir una purificación del alma a través de esos hechos?

Ramatís: No son las condiciones materiales genéticas las que imponen la forma al organismo, sino que es la energía del cuerpo periespiritual la causa determinante de la herencia patológica de cada uno, creando situaciones adversas que obligan al espíritu a poner en acción sus propias fuerzas morales y mentales con la finalidad de resistir el impacto del sufrimiento. Esa reacción, el psicosoma la usa para eliminar sus anomalías intrínsecas, perturbadoras de la ascensión evolutiva.

Los fenómenos que nuestros hermanos observan a la luz de la crítica humana, invierten los valores, cuando se los examina desde el plano opuesto y de indescriptible sensibilidad para la mente del hombre. La eutanasia no es una solución para el paciente condenado por la ciencia del mundo; sólo interrumpe un proceso de perfeccionamiento que, infelizmente, tendrá que reiniciarse en condiciones peores y con menos éxito en el futuro.

Sólo resta al alma atribulada y enferma, el recurso profiláctico de filtrar y "drenar" la toxicidad de su periespíritu a través del cuerpo físico, a través de las encarnaciones y cuyo proceso lento e insidioso provoca los estados vibratorios coercitivos por el padecimiento. En la medida en que el hombre crece y envejece, el contenido de su campo vibratorio tóxico periespiritual fluye con más intensidad hacia el "secante o esponja", que es el cuerpo carnal, de allí resulta la enfermedad específica a cada tipo de ser, agravándose conforme la criatura envejece.

Casi siempre por madurez, el espíritu encarnado comienza a sentir el descenso provocado por el karma. La causticidad de su carga tóxica periespiritual empieza a desprenderse por las vías endocrinas y nerviosas, fluyendo por los "plexos nerviosos" del cuerpo físico, afectando mórbidamente todos los centros principales etéricos que dirigen el metabolismo orgánico. Bajo el aspecto de un morbo fluídico, que busca su materialización en la indumentaria psicofísica, las toxinas del periespíritu se incorporan a través de los sistemas de drenaje, a todo el conjunto.

De esta forma se producen los climas electivos para la proliferación de determinados gérmenes, virus y ultravirus, que son los principales responsables de las diversas enfermedades de la terminología patogénica del mundo.

Bajo la acción específica de las variedades de toxinas, que se desagregan del periespíritu hacia el cuerpo físico, también se alimentan determinadas colectividades microbianas, más allá de las cuotas normales de su organismo físico, apareciendo las cefaleas, artritis, hiperestesia (sensibilidad exagerada), dermatosis, inflamaciones, inclusive las infecciones de las regiones gástricas, pancreáticas, renales o hepáticas, que conforme a la gravedad, la ciencia médica caracteriza como úlceras, colitis, diabetes, nefritis o hepatitis. Y a medida que la criatura se impacienta, se irrita o pierde el ánimo vivificador, ese morbo "psicofísico" recrudece y agrava, porque el proceso de envejecimiento reduce la producción de insulina, bilis, fermentos, jugos gástricos, disminuye la función del hígado, la drenación renal, perturba el periestaltismo intestinal o altera el metabolismo endocrino, las funciones cerebrales por la atrofia cortical, en una técnica natural de liberación de la individualidad.

Resaltamos la sabiduría de las inteligencias que rigen el universo, pues el ser, primero cumple el ciclo biológico de nacer, crecer, reproducirse, ayuda a la formación de la prole, pagando su tributo a la vida, para después saldar su débito del pasado, facilitado por la poca resistencia del organismo, al evacuar el residual venenoso del periespíritu hacia la materia. Como es toda una acción planeada, de ahí que se agotan todos los procedimientos médicos, inclusive, las terapéuticas no tienen efecto o pueden agravar el estado general cuando es empleada en forma agresiva.

La criatura, desesperada al no encontrar una solución científica, se entrega a los más pintorescos métodos del curanderismo. Si es católico, recurre al padre. El protestante busca al pastor exorcista. En última instancia recurren al médium Kardecista o al caballo de la Umbanda.

En esa búsqueda toma contacto con las filosofías de los credos o conocimiento de nuevas doctrinas. El efecto saludable de la oración, en un conjunto de acciones, puede llegar a cambiar el modo de pensar del sufriente, permitiéndole más comprensión sobre sus males y la consecuente modificación de sus dolencias anímicas —como el egoísmo, la vanidad, el orgullo— transformándolas en fraternidad y humildad.

Como si fuera un vaso vivo que recoge en su capacidad la carga venenosa vertida por su periespíritu por medio del mecanismo drenador, el cuerpo carnal se transforma en un eficaz "hilo a tierra" de esa limpieza que, siendo crucial, resulta beneficiosa.

Sin embargo, la ignorancia humana, abarcando al enfermo, a los familiares e inclusive a los médicos, ajenos a la realidad espiritual, juzga que ese sufrimiento es el resultado de la creación, por lo tanto, resuelve interferir, matando al agonizante y desligándolo prematuramente de su filtración sanadora y provechosa.

Pregunta: ¿Cuáles son los resultados negativos para el espíritu que desencarna prematuramente por la eutanasia, antes de terminar su arenación tóxica?

Ramatís: La vanidosa sabiduría humana ignora que, por esa decisión inconsulta, el espíritu transfiere para la próxima encarnación la misma experiencia dolorosa, cuyos fluidos tóxicos aumentan, impedidos por la eutanasia. Bajo la técnica sideral, el proceso drenador, al quedar interrumpido, pero no solucionado, continúa. Además no hay otro proceso o método, así que las interferencias —como estos casos citados del médico, familiares o amigos—, no ayudan en nada al enfermo terminal.

Pregunta: Aquellos que matan por piedad o practican la eutanasia, lo hacen sinceramente conmovidos por sentimientos sublimes, ante el cuadro doloroso e irrecuperable del enfermo. ¿Sufrirán las consecuencias por parte de la Ley Divina?

Ramatís: Es de Ley Kármica que toda criatura cuyas intervenciones sean negativas o perjudiciales para la vida ajena, también queda imantada a los mismos problemas que inoportunamente quiso solucionar. Por ejemplo: quien se sirve de un espíritu primario, para recoger ventajas en procedimientos censurables en una existencia, termina imantado a su vida futura, pues lo usó con fines egocéntricos. De ahí que se da el caso de ciertas familias de buenas costumbres, cuyos progenitores sufren la desdicha de generar un hijo irresponsable o delincuente, falsificador de cheques, etc., pues la ley que los imantó, no hace más que hacerle cumplir con la parte que le corresponde, respecto de saldar su deuda kármica generada en el pasado.

Toda intervención indebida en el destino del prójimo exige reparación e inapelable indemnización, sobrellevando los costos hasta el momento exacto del pago. Además, la eutanasia no siempre es el fruto de compasión o de amor de los familiares, pues en el subjetivismo del alma humana, a veces, se confunde matar por piedad, con un matar por comodidad, cuando no por interés.

Existen impulsos en la intimidad del alma, a causa de no tener conocimientos espirituales, que se manifiestan en la conciencia humana en formación, en actuaciones subjetivas capaces de convencer de que esa actuación no causa mal alguno, como es el caso de la eutanasia.

Pregunta: ***¿Nos podríais especificar esa situación que mencionasteis?***

Ramatís: Cuántas veces, ante la visión desagradable del familiar que sufre, sin tener alivio, sus familiares le desean la muerte, rogando a Dios que lo lleve lo más rápido posible a fin de aliviarlo. Puede ser que esa decisión se ajuste más al deseo de poner fin al cuadro demasiado desagradable y entristecedor, aunque sea un miembro de la familia. Aun existen criaturas que se sienten afectadas y se angustian ante el ser querido, pero no les sucede lo mismo con el vecino que detestan o con el familiar al que le tienen aversión.

Hay cierta dificultad de la criatura humana para identificar sus propios impulsos ante su conciencia. Siendo así, confunde lo que es un sentimiento elevado y generoso con lo que apenas es una reacción instintiva por causa de su interés personal. Cuántas veces, en las noches mal dormidas, la queja de los dolores interminables, los gastos extras del hospital o sanatorio, la cirugía y demás contratiempos que ocasiona la enfermedad crónica, conduce a los familiares al cansancio. Para colmo, sin esperanzas, recurren a la eutanasia, delito que su autor piadoso, tendrá que resarcir en el futuro.

En el momento actual, el bajo coeficiente moral del ciudadano terreno, que se demuestra en el culto al sensualismo, glotonería, en atesorar un patrimonio económico, en la creencia que le permitirá usufructuarlo en el futuro, genera el olvido de la advertencia que dice: "No acumuléis tesoros en la tierra, donde el gusano y la polilla los comen, y donde los ladrones roban, pero sí, acumulad tesoros en los cielos, donde ni los gusanos ni las polillas consumen, ni los ladrones entran y roban".

Pregunta:** **Los médicos que practican la eutanasia, teniendo por fin solamente terminar con el padecimiento del enfermo incurable, ¿también se comprometen con la Ley del Karma, debiendo sufrir idéntica experiencia?

Ramatís: Practicar la eutanasia no es atribución del médico, por ser un sacerdote de la vida y no de la muerte, conforme con su milenario juramento hipocrático. El médico no es omnipotente ni omnisciente. No está entre sus atribuciones, interrumpir el flujo de la vida, pero sí, mantenerla siempre. Además, la eutanasia es ejecución anticipada, sin la autorización del Superior Tribunal Divino.

Por lo tanto, no escapa a la ley y se une a la víctima en rescates futuros.

Pregunta:** **¿Cuál es la conducta apropiada que debemos mantener, ante los familiares que sufren procesos dolorosos y cuyos males son incurables y sin posibilidad de alivio?

Ramatís: La oración a favor del enfermo es el mejor de los recursos aconsejables, pues además de envolverlo en un manto de vibraciones sedativas, lo ayuda a soportar con valor su estado crucial. Es la ayuda psíquica, capaz de aquietar el alma en dolorosa agonía y pronta a abandonar el mundo físico. La oración fervorosa produce despejes en el ambiente y facilita la ayuda de los buenos espíritus. Es un baño vibratorio, refrescante, calmando al espíritu y ayudándolo a partir en paz hacia el mundo astral. Inclusive, le proporciona la posibilidad de vislumbrar a los familiares y amigos que lo esperan en las puertas del Más Allá.

Esa oración ante la muerte del cuerpo carnal ayuda al espíritu eterno a liberarse suavemente de los lazos físicos; las angustias ante lo inevitable, los gritos de la rebeldía familiar inconforme con el desenlace, jamás impiden lo previsto por la Ley. La plegaria traza fronteras vibratorias en la defensa fluídica y sirve de ayuda psíquica, para que el agonizante pueda desligarse del cuerpo material, recordando la actitud típica del ave, que levanta su vuelo, buscando la amplitud del cielo.

***Pregunta:** Se dice que la oración de los seres vivos, junto a los moribundos, ayuda a los técnicos en los procesos de la desencarnación. ¿Es verdad?*

Ramatís: Realmente, los espíritus técnicos asistentes a los desencarnantes, cuando son ayudados por las oraciones consiguen reducir en gran proporción, la cuota de sufrimientos de los agonizantes, agravada por los lazos enfermizos de los familiares y amigos. Las vibraciones dinámicas de la oración ayudan a disolver los fluidos imantadores, de la mente de los familiares desesperados, que ignoran la realidad espiritual. Y, en el caso de que fuera conveniente prolongar un poco más la vida del moribundo, para proporcionarle una mayor cuota de drenación y acentuarle la purificación espiritual, eso es más fácil, si el ambiente es calmo y energizado positivamente por el poder sublime del rezo. Lo cierto es que las angustias y actitudes inconformistas de los familiares y amigos, a la hora de la desencarnación, producen fuerzas negativas, dificultando aun más la liberación espiritual.

***Pregunta:** Desearíamos algunas palabras que nos esclarezcan acerca del efecto sedativo y provechoso de la oración a la hora de la muerte. ¿Es posible?*

Ramatís: La oración aquieta el alma y eleva su patrón vibratorio, porque el instinto animal es superado por la sintonía del espíritu con los planos elevados. Promueve un estado de serenidad íntima, que se engrandece y dinamiza, al conjugarse las vibraciones de otras almas ligadas por los mismos propósitos espirituales. Incentivada por la oración, el alma del moribundo se rehace y se desprende con facilidad de los lazos que lo vinculan con los centros vitales de su cuerpo físico.

Además, es muy común que los desencarnados, más tarde, se lamenten de los dramas que hubo junto a su lecho de muerte. Comúnmente se sienten entristecidos, a causa de la ignorancia humana terrícola sobre la vida espiritual, a la hora de abandonar su cuerpo. Lógicamente, cuando el desencarnado opta por esta reflexión, es porque se trata de un espíritu algo lúcido sobre la vida en el mundo astral.

En consecuencia, sólo la manera pacífica, humilde y respetuosa con que se aceptan los dolores del cuerpo y la separación de los familiares, es la que habla del testimonio de la fe y la confianza en Dios.

La "eutanasia" es considerada por la Plana Mayor de la Espiritualidad, como una intromisión en las leyes del Creador, el único que da la vida y también sabe cuándo ella debe terminar, por lo tanto, sus hijos no tienen facultades para interferir en el mandato Divino. Además, es Ley y ella merece el mayor de los respetos.

Nota del Revisor: Los actuales estudios de tanatología (estudio que de la muerte hace la medicina legal) en los casos de resucitamiento después de la muerte clínica, demuestran cuan coincidentes son las descripciones sobre lo sucedido en el período del fallecimiento. Raymond Moody Jr, en ***Vida Después de la Vida***, dice:
"Un hombre está pronto a morir y al alcanzar el punto máximo del sufrimiento físico, escucha al médico que lo declara muerto. Comienza a oír un ruido desagradable, como una campanilla que suena muy alto y al mismo tiempo se siente desplazado con rapidez a través de un largo túnel. Después se encuentra fuera de su cuerpo físico, pero todavía en el ambiente físico, de inmediato ve su cuerpo a la distancia, en posición de espectador, asistiendo a los intentos de reanimación, en una situación ventajosa y poco común, bajo un estado emocional y complejo. Pasado algún tiempo, se calma y comienza a habituarse a su nueva condición, verificando que tiene un 'cuerpo', pero de naturaleza y posibilidades muy diferentes al cuerpo material que terminó de dejar. Por instantes suceden otras cosas. Vienen a su encuentro seres que lo ayudan y ve a los parientes y amigo muertos. Un ser lleno de amor, de luz, aparece a su frente, este ser le hace —no verbalmente— una pregunta que lo obliga a evaluar su vida y lo ayuda mostrándole la visión panorámica de los principales acontecimientos por los cuales pasó antes de morir. Entonces se encuentra próximo a una especie de barrera o frontera que aparentemente, representa el límite entre la vida terrena y lo que sigue a ella. Mientras tanto, percibe que tiene que regresar a la tierra, pues su hora todavía no había llegado. En ese punto se resiste, pues su poca experiencia en el más allá lo fascina y ***no*** desea regresar. Se siente alcanzado por una intensa situación de paz, alegría y amor, pero a pesar de eso, reencuentra su cuerpo físico y vive. Más tarde intenta contar a otros lo sucedido, pero tiene dificultad para hacerlo. En primer lugar, no encuentra palabras adecuadas para describir estos episodios extraterrenos. Comprende que dudan de sus palabras y no se refiere más al asunto, pero la experiencia afecta profundamente su vida, principalmente en lo referente a los puntos de vista sobre la muerte y sus relaciones con el mundo de los seres vivos".

ABORTO

Pregunta: ¿El aborto provocado en cualquier período de gestación, constituye un delito?

Ramatís: Considera el Espiritismo, la doctrina codificada por Allan Kardec, bajo la orientación de los espíritus superiores, y también creemos nosotros, que es el codificador quien mejor responde: "Es un crimen siempre que se transgreda la ley de Dios. Una madre o quien quiera que sea, cometerá crimen si elimina una vida en gestación, pues ese hecho impide que el alma no pase por las pruebas en ese cuerpo que se está formando".

Por tal motivo, se comprueba que la doctrina espiritista es taxativamente contraria al proceso censurable del aborto, pues impide el ingreso de un espíritu en el escenario del mundo, a fin de que curse la escuela de alfabetización espiritual. Nos recuerda al alumno ansioso que quiere aprender a leer y escribir, para acelerar su progreso y realizar sus ideales junto a los demás compañeros, pero que es desalojado impiadosamente fuera del recinto, sin derecho o posibilidad de defenderse.

Pregunta: ¿Debemos suponer que, a todo espíritu, se le determina una mujer, previamente escogida para ser su madre?

Ramatís: Existen leyes, organizaciones y disciplina en el Más Allá, por lo tanto, el proceso reencarnatorio lo estudian y programan los Mentores espirituales, en todos sus detalles: progenitores, constitución física y mental.

Se movilizan los recursos posibles, para que el espíritu, al retornar a la materia, tenga éxito en su proyecto de vida, inclusive con varias soluciones secundarias, de modo que la vida material le sea propicia al reencarnante. Aun los espíritus de conciencia primaria, que son incapaces de trazar los programas de sus vivencias en la materia, dominados por las fuerzas coercitivas del instinto animal, son conducidos a la encarnación obedeciendo a cierto esquema "colectivo" y disciplinado por los maestros de la espiritualidad. Aunque esos seres sean propiamente "arrastrados" por ley gravitacional, hacia el vientre de la madre terrena, los responsables por sus destinos en la tierra lo vigilan desde su nacimiento, crecimiento y después, hasta los últimos momentos de su vida orgánica. Son entidades que renacen a la luz de la existencia carnal, como entontecidas e ignorantes de su destino espiritual y de su individualización en el seno del Universo.

Pregunta: Bajo cualquier hipótesis, las futuras madres de esos espíritus primarios e inconscientes ¿están obligadas a recibirlos y generarles un cuerpo físico?

Ramatís: Conforme hemos esclarecido, la reencarnación funciona bajo proceso disciplinado y correcto y la vigilancia absoluta de la Ley del Karma. Las atracciones y obligaciones espirituales de los encarnados, como así también de los desencarnados, depende exactamente de los compromisos, relaciones, responsabilidades, amor y causas de las vidas anteriores.

El excelso espíritu de María, madre de Jesús, encarnó en la tierra a fin de usufructuar de la sublime dádiva de generar en su vientre, el bendecido cuerpo carnal de uno de los más sabios ángeles del Señor, pero es evidente que Agripina, mujer inescrupulosa, lujuriosa e indisciplinada, por su afinidad psíquica fue designada para ser progenitura de un espíritu de las mismas condiciones, el Emperador Nerón.

Sin duda, el compromiso gestativo de Jesús fue establecido antes de que María encarnara, pues así lo requería una entidad de esa jerarquía; mientras que en el caso de Agripina, futura madre de Nerón, fue determinado para recibir en su vientre al adversario que presentaría las mismas actividades orgiásticas del pasado.

Pregunta: En el caso de esos espíritus primarios o inconscientes de sus encarnaciones físicas, sus progenitoras ¿parten del Espacio, conscientes de la obligación de aceptarlos como hijos?

Ramatís: No siempre las madres que generan cuerpos para espíritus primarios e inconscientes, asumen previamente un compromiso directo para cumplir con el encargo. Por lo común, ellas también son espíritus de poca graduación sideral, y funcionan como verdaderos "campos gravitacionales" afines, que atraen poderosamente a los espíritus semejantes a su propia estructura.

Hoy la ciencia admite que existen las fuerzas gravitacionales, electromagnéticas y nucleares, fuertes y débiles, manteniendo los astros en equilibrio, la estabilidad de las sustancias químicas y de la materia densa, y también rigen la atracción electromagnética o gravitacional entre madres e hijos, personas y grupos, que podríamos denominar psico-magnéticas, pero muy fuertes entre los espíritus de las escalas más bajas de la evolución espiritual. Más allá de esa atracción, que funciona bajo los impulsos de afinidad recíproca espiritual, también están los espíritus abnegados, que aceptan la tarea sacrificial y educativa de generar cuerpos físicos para entidades primarias y hasta indeseables. La madre desempeña con amor esa misión desagradable —la de servir y educar entidades hostiles e indisciplinadas— pues sabe que así desarrolla virtudes excelsas, mejorando con la ley kármica, su cuenta pendiente... Sin duda, es una tarea estoica y difícil, pero bajo la Ley del Amor, la criatura que ayuda al prójimo se ayuda a sí misma.

***Pregunta:** Los compromisos asumidos por espíritus que deben ser nuestros padres o hijos, por simpatías o acuerdos fraternos, ¿también deben someterse a la decisión de los Mentores del mundo espiritual?*

Ramatís: Es imposible exponer en estas sencillas páginas los múltiples motivos que pueden aproximar o ligar los espíritus, para organizar la familia humana. Bajo esas condiciones, hay entidades que se unen por afecto y amistad, cultivada hace milenios, mientras que los adversarios, verdugos y víctimas, se vinculan por la fuerza del odio, conflictos y frustraciones en vidas pasadas. En consecuencia, la familia humana tanto se une por afinidad en sentimientos y otras cualidades o preceptos de sabiduría, como también se asocian las entidades atraídas por la fuerza disciplinada de la Ley del Karma, conformando un mismo grupo consanguíneo.

Pregunta:* *¿Es posible que el espíritu rebelde, vicioso, se encarne contra su voluntad y hasta sin el consentimiento de su futura madre?

Ramatís: Cuando el espíritu es algo evolucionado puede decidir alguna cosa sobre su destino, por lo tanto, no está obligado a una encarnación compulsiva. La Ley Divina concede al hombre la prorrogativa de "tomar su propia cruz y seguir al Maestro", si es que desea evolucionar.

Pregunta:* *¿Por qué razón los Maestros no obligan a reencarnar a los espíritus relativamente evolucionados, pero aun refractados al perdón de las ofensas?

Ramatís: En el caso que citáis, sobre los espíritus conscientes de sí mismos y de su progreso espiritual, los Mentores respetan su libre albedrío, aunque un espíritu de cierta elevación tiene muy claro lo que es la ofensa y el perdón...

Pregunta:* *¿Es viable que un espíritu rebelde y vicioso se reencarne en el mundo físico, sin su consentimiento?

Ramatís: Nada es imposible para el Creador. A través de los espíritus superiores, usando técnicas sutiles y muy avanzadas, puede llevar a esos seres todavía primarios, al adormecimiento temporal para que luego despierten en el organismo físico.

Para los espíritus amorosos y justos, según las necesidades del reencarnante y de su grupo afín, suspenden por algún tiempo el libre albedrío de la individualidad inmortal, de modo que se cumpla con la ley de acción y reacción, que es eterna.

Por analogía, es un proceso idéntico al de la justicia terrena, cuya finalidad es reeducar al delincuente.

En cualquier condición, las madres reciben amplio apoyo de los técnicos en reencarnación, sobre todo, existe una vigilancia severa para que la madre no sufra perjuicio, principalmente de salud en su tarea procreativa, cuando el ser cometió en el pasado, al igual que la progenitura, vandalismo y otros desmanes. En ese caso, la afinidad que los une es responsable por el proceso gestativo.

También debemos prestar atención en ciertos casos, cuando el poder mental de esas entidades malévolas está muy desarrollado y dificulta cualquier tentativa encarnatoria por parte de los técnicos espirituales. Son los espíritus que ejercen su actividad perniciosa y su poder mental deletéreo desde hace siglos o milenios, en las regiones del astral inferior. Son los responsables por la figura del abominable Satán, el legendario enemigo de Dios y príncipe del mal. Sin embargo, el buen sentido nos dice que las maldades de Lucifer y los sufrimientos del infierno son más inofensivos que las torturas, perversidades y prácticas animalescas del propio hombre. La clásica lucha entre el Bien y el Mal, todavía es un producto del estado involutivo del espíritu, en el desarrollo de su conciencia individual, cuando aún es dominado por la fuerza instintiva e indomable, sobreponiéndose a los elevados principios de la vida eterna.

Los espíritus rebeldes —simbolizados en los "ángeles caídos"— consideran el mundo material como el mejor de los escenarios para sus actividades pervertidas, mientras se ensañan con el deseo de quebrarles su armonía espiritual, a las entidades terrenas cristificadas, inclusive, tratando de galardonarlas con el mote de aristocracia ridícula y afeminada. La jerarquía angélica, actuando bajo el patrocinio del Cristo-Jesús, atrae a esas almas hipertrofiadas por el instinto inferior, hacia reencarnaciones compulsivas, para su debido rescate y progreso espiritual, pues considera el amor y la humildad como manifestaciones ingenuas e improductivas, que adulteran é inutilizan el poder del espíritu. Pregona que el mundo carnal es para los machos "hombres", y el infantil reino celestial, para los tontos encubiertos por la esclavitud divina... De ahí la preocupación por atender a esas almas necesitadas de los recursos del amor infinito del Padre, que además, es igual para todos sus hijos.

Pregunta: En consecuencia, ¿cada encarnación es disciplinada por un esquema de vida y mutuo compromiso kármico, entre los espíritus que deberán constituir cierta familia terrena?

Ramatís: Realmente, hay un programa básico y muy disciplinado de las encarnaciones de los espíritus comprometidos entre sí, por los errores o actividades nefastas del pasado, por lo cual se delinean los principales acontecimientos de la vida física en la tierra y las probables evoluciones espirituales. De ahí el motivo de que existan destinos fatales e inexorables en la vida de los seres humanos, causa de tragedias, dramas y catástrofes, contrariando el merecimiento y las atenciones de los encarnados. Cuando llegue el momento neurálgico de la criatura para cumplir determinada "cláusula" de su programa kármico —esquematizado antes de renacer—, ninguna fuerza o interferencia extemporánea del mundo podrá desviar o modificar el acontecimiento previsto.

A pesar de las revueltas o angustias y aunque se acuse a Dios por el esquema "prereencarnatorio", este se desarrollará en sus fases previstas en el Espacio, que fueron aceptadas por el grupo de almas interesadas en la composición de la misma familia terrena.

Antes del renacimiento físico, los mentores de la espiritualidad sugieren al interesado, cuáles serán las actividades terrenas y los procedimientos educativos y provechosos para la educación espiritual de su pupilo. Le señalan las aflicciones, dolores y enfermedades, y aunque le hagan sufrir, despiertan los impulsos superiores, le apartan de los vicios y debilitan las pasiones adormecidas en el espíritu, en un placer transitorio, pero nefasto. Ninguno se gradúa para la angelitud, antes de su iniciación a través de la "puerta estrecha" de las vicisitudes, dolores, mortificaciones y desilusiones de la vida física, porque el espíritu se encarna como "esclavo" de la carne, y paradójicamente, debe aprender a liberarse conscientemente de ese yugo que le resulta indeseable.

Pregunta:* *Existen personas incrédulas que ironizan esa cuidadosa planificación, para sus encarnaciones. Son personas descreídas del mundo espiritual y juzgan que la vida física es el producto constante de adaptación, que se suceden simplemente etapas y factores producidos al azar y sin causa inteligente. ¿Cuál es vuestra opinión?

Ramatís: La ciencia de hoy es experimental y sigue modelos propios, y todo aquello que no puede medirse y repetirse innumerables veces, no forma parte de su acervo. Deja para la filosofía la razón de ser y la causa primera de todas las cosas. Pero, está la ciencia y el científico positivista que, ante los fracasos y fraudes de los investigadores serios, en el campo de los fenómenos psíquicos, simplemente no consideran materia de estudio los llamados misterios del alma, y junto con los ateos materialistas ironizan y critican a los creyentes, por su psiquismo generador, por su modo de vida conformista con la miseria con que viven y por la creencia de ser los futuros habitantes del cielo. Cumplen al pie de la letra, las órdenes de sus guías religiosos: padres, pastores, médium, sensitivos... y toda una falange de ciegos que guían a otros ciegos.

La ciencia está ligada con el bienestar material del hombre, mejorando o aumentándole las condiciones de vida; también es uno de los caminos para llegar al Creador. Esa ciencia es neutra en su esencia y los científicos que ahora son monistas, panteístas, teístas o ateos materialistas, no debieran mezclar las causas con los efectos.

Pregunta: ¿Nos podéis informar cómo los espíritus mentores y responsables por las encarnaciones, esquematizan la composición de una familia en la tierra?

Ramatís: Citemos un ejemplo peculiar de la sociedad actual.

Los desajustes de los matrimonios y las consecuentes separaciones. Existe un plan de rescate mutuo entre los cónyuges y la prole, pero los errores, odios y vicios del pasado hacen la vida imposible, y la prueba es suspendida para otra ocasión y a todos se les darán nuevas experiencias vivenciales, que se adapten a la planificación global y evolutiva.

De un modo general, hay todo un esfuerzo en los proyectos para que las reencarnaciones no requieran modificaciones y ajustes fuera del tiempo fijado. Es evidente que las almas que superaron la mayor parte de los conflictos y de las ofensas mutuas del pasado, también tienen éxito y fidelidad para con el esquema redentor. Siendo de esa manera, los viejos enemigos que se deciden a su renovación íntima, también cursan la existencia terrenal de un modo saludable, pacífico, provechoso y de recíproco esclarecimiento.

En consecuencia, en el esquema básico del futuro conjunto familiar terráqueo, quedan especificados los deberes de los integrantes y los variados recursos de rectificación espiritual. Son los incentivos para la tolerancia y ayuda mutua, más la terapéutica del amor para superar la fuerza instintiva animal, en base a las enseñanzas cristianas o llamadas espiritualmente, de Cristificación. A ello se suma la interferencia de los mentores para eliminar las querellas reencarnatorias y sustituir la brutalidad por la gentileza, la irascibilidad por la tolerancia, la frialdad y la indiferencia, por el calor de la ayuda, y la venganza por el perdón; de esa manera, se proporciona la oportunidad de cumplir con la ley del amor.

En verdad, es la senda definitiva para la angelitud, el culto incondicional del Amor, enseñado y vivido por Jesús. Tomando ese ejemplo e incorporándolo conscientemente, los candidatos a formar una nueva familia en la tierra, hacen miles de promesas y sueñan esperanzados con el ideal de una vida fraterna, entre todos los componentes futuros.

Pregunta: Sin embargo, ante el cuadro que presenta la humanidad del presente y en base a los problemas que se esgrimen para justificar las separaciones, crímenes, etc., lamentablemente creemos que fallan los esquemas educativos y redentores trazados previamente en el Espacio.

Ramatís: Reconocemos que es muy difícil, para un conjunto de almas conflictuadas por resentimientos, odios e ignominias del pasado, que consigan cumplir en forma integral el programa que aceptaron antes de reencarnar. Las promesas y mutuos compromisos son velados por la pérdida de la memoria periespiritual. Es evidente que los proyectos elaborados por las criaturas viciosas, difícilmente serán concretados totalmente por los espíritus primarios. A pesar de las buenas intenciones de los espíritus interesados en una vida amorosa y pacífica, sucede que, una vez sumergidos en la materia y subyugados por el impulso instintivo de la animalidad, se les hace muy difícil mantener entre sí los compromisos asumidos antes del renacimiento.

El hombre terrícola, aún está bajo el yugo de su personalidad egoísta y orgullosa, y es fuertemente influido por el instinto animal, terminando por olvidar las promesas de tolerancia y perdón para sus adversarios del pasado. Dominado por el personalismo, cómodo y egocéntrico, es incapaz de cualquier sacrificio o concesión hacia el prójimo. Los sentimientos vengativos vitalizados y la rigurosa tendencia a tener riquezas materiales transforman los buenos propósitos espirituales en reacciones mezquinas, frustrando las buenas intenciones e iniciativas loables. Se crea una defensa mutua, llegando a "no ceder", haciendo de cada criatura un ser vigilante, en constante estado de defensa, que presiente objetivamente a los adversarios, pero que intuye su presencia bajo el consanguíneo traje carnal.

La débil memoria de los espíritus encarnados complica aun más los conflictos espirituales del pasado; bajo la herencia animal, se esclavizan a las pasiones y emociones primarias de la vida física y transitoria. Sacrifican la feliz oportunidad de hacer las paces y desatar los lazos kármicos con los viejos adversarios, que bien podrían usufructuar algunos momentos de satisfacciones interiores.

Pregunta: Insistimos, a pesar del más perfecto planeamiento elaborado en el Espacio, se hace muy difícil la armonía y el aprovechamiento de los espíritus adversarios, aun bajo el manto del cuerpo físico. ¿Cuál sería la explicación convincente?

Ramatís: A pesar de las promesas y compromisos contraídos por los espíritus programados, antes de encarnar, las buenas intenciones memorizadas en la erraticidad casi siempre son olvidadas en la vida física e incluso se fortalecen los resentimientos, cuando las críticas, conflictos espontáneos y animosidades personales funcionan como dispositivo que acelera la aversión del pasado, que íncomprendida por el vestido carnal, no obstante está muy adherida al periespíritu y se manifiesta al menor incentivo.

Además, debe considerarse la intervención de otros espíritus antagónicos desencarnados, los que toman partido en favor de ese o aquel familiar, por simpatía en el pasado.

La familia terrenal, por lo común, transforma el hogar en un infierno en miniatura; porque sus miembros, al no estar educados y ser imprudentes, sacrifican con facilidad la vida espiritual en aras de atracciones materiales, que hacen a la identificación de sus tendencias y pasiones.

***Pregunta:** Los espíritus que se asocian para constituir las familias terrenales, especialmente, los que tienen problemas kármicos por resolver, ¿se encarnan en la condición de padres e hijos o de parientes colaterales?*

***Ramatís**:* La familia terrenal es una de las más importantes instituciones sociales humanas, especie de bóveda protectora, responsable por la perpetuación física de los seres humanos. Tiene aun la obligación de amparar la prole y educarla hasta la hora de su emancipación. Es a través de la unión física entre los espíritus recíprocamente deudores y bajo el techo familiar, que se acelera la escala espiritual, a partir del mutuo planteamiento, diríamos inigualable en el plano educativo, pues unas veces se es padre y otras hijos, donde siempre prima el calor de los humanos por la gran recepción que se le tributa, especialmente cuando el descendiente es varón, pues la ignorancia en este sentido, continúa siendo extraordinaria. De allí en más, las fortuitas enfermedades, como los momentos de alegrías, entre otros estados de armonía en la familia, termina acercando a los contrincantes del pasado, unifican sus fuerzas y salen del problema crucial del momento. Es ahí donde fijan sus esperanzas los espíritus mentores, cuando el terrible mal o enfermedad crucial que azota a los deudores, permite vislumbrar un rayo de luz, que se puede transformar en una alianza de paz y amor futuro.

***Pregunta:**Aunque los padres e hijos sean adversarios irreconciliables, por ese pasado remoto, ¿cuál sería el plan más adecuado para acortar el tiempo de reconciliación?*

***Ramatís**:* Sin duda, el de las relaciones amistosas, tolerantes y pacíficas, tanto del padre como del hijo. Ante la disposición de ánimo, de simpatía o no, los actores de esos dramas deberán acostumbrarse a esos tratos fraternos, pues sólo la tolerancia y el respeto mutuo los beneficia espiritualmente. Además, se debe entender muy bien, que los hijos no pertenecen a los padres, ni los padres son exclusivos de sus hijos, porque se trata de espíritus cuya individualidad eterna está por encima de las convenciones y de los fenómenos sociales, razón por la cual jamás podrán estar esclavizados entre sí.

El respeto, los derechos, deberes y el amparo deben ser recíprocos, pero ha de entenderse que deberán mantener las relaciones de libertad individual, referente a los destinos de cada uno, pues cada espíritu tiene una tarea asignada para cumplir y no está determinada por los preconceptos, orgullo o imposición familiar. Se debe respetar el destino particular de cada miembro de la familia, ante la realidad de que el cuerpo es transitorio y el espíritu, eterno. A las hijas e hijos, a veces se les insinúan uniones afectivas, decisiones y planes o preferencias específicas —que van desde el noviazgo hasta el casamiento— que contrarían los preconceptos sociales, financieros o las simpatías de ambos padres, obstinados en sugerir e imponer fuertemente sus opiniones, a causa del orgullo familiar.

Es evidente que si existen raíces adversas y resentimientos espirituales de vidas anteriores, el conflicto no demora en llegar al seno de la familia; hay ruptura en el matrimonio, frustraciones y separaciones entre padres e hijos, lo que aumenta la animosidad kármica. El resentimiento de la víctima perjudicada crece y aumenta en su intimidad espiritual, al presentir bajo el disfraz del parentesco, la misma entidad que maltrató o hirió en vidas pasadas.

Los hijos no son propiedades ni piezas que se manejan a gusto por caprichos de las partes. Los padres deben optar por ser afectivos, aunque se deba mantener la disciplina ajustada a los códigos morales, y respecto de los usos y costumbres sociales. Los problemas de relación difícil deben resolverse a través de un diálogo franco y pacífico.

La tierra aún es una escuela de educación espiritual, donde conviven grupos de espíritus amigos y enemigos, vinculados por la ancestralidad biológica consanguínea. Siendo así, y a pesar de su pasado espiritual trágico, dramático o culpable, pero vivo en la intuición mental, es imprescindible que esos espíritus en conflicto permanezcan disciplinados, tanto como les sea posible, manteniendo fraternal amistad durante la lección escogida y prometida para el banco escolar terreno. Las lecciones de la vida humana que producen el sufrimiento y las vicisitudes del mundo son de sumo interés para todo el conjunto de la humanidad, porque en la hora de los exámenes finales, cada uno estará solo consigo mismo y la graduación espiritual será el resultado exclusivo de su propia conducta.

A pesar de que los padres pudieran ser espíritus verdugos en el pasado, deben hacer justicia respecto de la comprensión y tolerancia de sus víctimas, ahora transformados en hijos. Estos últimos les están debiendo la dádiva del cuerpo carnal recibido, que es parte de la mejoría espiritual que deben alcanzar. Por ese motivo, el nacimiento en la escuela terrícola es un camino sublime de redención humana; mientras que el aborto delictuoso es una infracción legal, que destruye las posibilidades de una breve reconciliación entre espíritus adversarios de encarnaciones anteriores.

***Pregunta:** Desde que a la sociedad egoísta y falta de amor, poco le importa respecto de la vida o la muerte de los hijos ajenos, ¿el aborto no sería tolerable, cuando es practicado por criaturas infelices y malogradas a las cuales les parece que esa solución es la más sensata?*

***Ramatís**:* El aborto puede encararse bajo diversos aspectos y causas diversas, como ser: intereses personales, problemas económicos, imprudencias sociales, miedo, comodidad, pérdida de estética física e incluso, por crueldad materna. Por otra parte, existe el aborto que es fruto de cierta venganza espiritual, cuando el odio impera en el subjetivismo del alma milenaria, al presentir en gestación en su vientre, al adversario de otras épocas. Lo expulsa dominada por un extraño rencor. Aunque ignore las causas de esa aversión instintiva y profunda en su ser, la mujer que no está debidamente cristianizada, jamás admite generar un cuerpo físico que la sumió en la desesperación en el pasado.

La presencia de los espíritus adversarios en sus entrañas, les atiza la reminiscencia del pasado, evocando la tragedia, locura y hasta el suicidio ocasionado por ese ser que en esos momentos ocupa su vida mental y espiritual.

***Pregunta:** ¿Cualquier tipo de aborto es condenable a la luz de la vida espiritual?*

Ramatís: Naturalmente, pues siempre es un infanticidio y está escrito: "No matarás". Las leyes humanas son el reflejo de las espirituales, y si examinamos los códigos legales, vamos a encontrar circunstancias atenuantes y agravantes así como la expresión: por causa justa. Son agravantes, motivos como el de la estética materna, el control de la natalidad y el temor de no ser aceptada en la sociedad.

Podemos aceptar como atenuante el hecho sustentado por ciertas culturas, que no admiten los deslices de sus componentes femeninos, y el caso de suicidios ante las presiones psicológicas. Aun se podría citar los casos de señoras casadas que, por contingencias de la vida, prevarican sobre el nacimiento que es fruto del descuido, ocasionando una ruptura familiar, con graves consecuencias para la prole y el cónyuge.

Es admisible el aborto terapéutico, cuando la gestación no tiene condiciones de llegar al fin; porque la situación materna obedece a la única forma de salvar su vida, abortando prematuramente o como la ciencia lo indique, según corresponda.

También incluiríamos, con alguna reserva, los casos de los fetos anormales, cuya patología no les permitiría vivir y que perjudican la salud de la madre, poniendo en riesgo su vida.

Muchas veces, en la erraticidad se hacen proyectos sublimes, pero al retornar en la carne, afloran vicios, emociones, miedos y pasiones aun no dominados, que la conducen a deslices de diversa índole. Sí las leyes humanas no son sabias, justas y ecuánimes, bondadosas y tolerante para ese primitivismo manifestado, entonces debe tratarse de viabilizar la ley divina, que es amorosa y extremadamente justa, en todos los casos.

La madre que se somete al aborto terapéutico no debe condenarse, pues la intervención quirúrgica pretende salvarla, aunque deba sacrificar al hijo que lleva en su vientre.

Además, lo que identifica y caracteriza a las mujeres culpables cuando malogran a propósito el nacimiento, es su decisión íntima en el sentido de abortar para liberarse del hijo intruso que crece en su vientre.

***Pregunta:** En el caso de una madre que tiene una prole numerosa y enfrenta dificultades económicas para sobrevivir,*

¿no sería justo que opte por el aborto? Aun así, ¿debe seguir hasta el final la gestación, aunque la situación se convierta en calamitosa?

Ramatís: Conforme con lo que hemos esclarecido, no todos son juzgados de la misma manera. Cada delito o equivocación humana es tratado según el grado de responsabilidad y entendimiento espiritual... Además, existen factores o circunstancias que llevan a la mujer a abortar por culpa o inducida por otras criaturas. Es el caso de las madres solteras, dominados por hombres injustos y delincuentes, las que son obligadas a deshacerse de los hijos para evitar sus compromisos personales. Pero, como deberán pagar hasta el último centavo a la economía de la vida, los responsables de la coacción abortiva también deberán enfrentar el juicio agravado por el perjuicio ocasionado a la madre y al hijo.

A la mujer que aborta obligada por el marido o como se dice en la actualidad, la pareja, se le juzga espiritualmente, por la forma en que fue obligada al infanticidio. También es cierto que la madre pobre, si es capaz de cumplir hasta el final el dar a luz la vida de un nuevo ser, acreditará los méritos espirituales que su sacrificio le otorga, pues la ley la compensa graciosamente en su próxima encarnación.

Ante los hechos comprobados por la ciencia, como el de la explosión demográfica, ha surgido la industria de los anticonceptivos. La finalidad no es tanto los seres que pueden habitar el planeta, pues eso obedece a la administración de los dirigentes de cada país, sino que se trata de un método para eliminar las posibilidades de embarazarse, sin privarse del placer y evitando la responsabilidad del aborto.

Mientras tanto, existen los métodos anticonceptivos contrarios a la naturaleza humana, como las hormonas, los dispositivos mecánicos, las mutilaciones quirúrgicas, la más saludable de todas, la abstinencia sexual y por último, el uso indiscriminado de las pastillas para evitar el embarazo en los días fértiles de la mujer.

Ante la Ley de la Vida, cuyo objetivo mayor es la evolución de todos los espíritus, el medio más lícito es la continencia sexual. Así lo hacen los animales, guiados por esa fuerza llamada instinto, que sólo procrean en el período de celo para mantener las especies en su equilibrio biológico.

El aborto practicado por la madre pobre o rica, en el seno de la miseria o de la riqueza, siempre es censurable bajo las Leyes de la Vida; porque se trata de una intervención violenta, implicando una serie de perjuicios y alteraciones desde el mundo espiritual, hasta el terrenal. La madre rica, por sus condiciones, tiene la obligación de dar a luz a su hijo y criarlo, por no faltarle los medios necesarios, y la madre pobre, aun ante las dificultades para cumplir con el deber de la procreación, tiene el merecimiento del valor de saber afrontar el miedo a la pobreza, que es mérito espiritual ante los ojos de la divinidad.

Pregunta:** **Insistimos en indagaros sobre las madres sometidas a las mayores privaciones del mundo y sin ayuda de nadie. ¿Esa madre es culpable si practica el aborto? ¿No le cabe el derecho de decidir sobre tener que criar a un hijo para la desnudez y el hambre?

Ramatís: Qué sería del mundo, si María de Nazareth hubiera resuelto abortar a su hijo Jesús, sólo a causa de la pobreza o por la situación reinante en el país. En su caso, ni siquiera sabía si tendría pan para el día siguiente. Cuántos artistas sublimes de la música, pintura y escultura o servidores de la ciencia humana, habrían dejado de existir, no aportando a los sentidos humanos la belleza del color, la armonía de los acordes o la belleza de las formas, si sus progenitoras indigentes hubieran abortado por miedo a la miseria.

Sea cual fuere la opinión del mundo, justa o injusta, racional o emocional, lo cierto es, que después de haber iniciado la gestación y a pesar de los justificativos sean cuales fueren, siempre es un agravio interrumpir el curso creativo. Aun suponiendo que el hijo se extinga en su vida terrenal, por las fuerzas agresivas y precarias del ambiente, la madre cumplió con su deber y se redimió ante la Ley.

No debe olvidarse que el destino de cualquier espíritu es trazado previamente antes de su encarnación, y que la "Administración Divina" jamás elabora programas absurdos, injustos o imposibles. No cabe a la madre o a quien fuere, decidir si el aborto es justo en casos de dificultades sociales, económicas o de estabilidad civil. El espíritu que se materializa en el vientre de la madre, a pesar de ser supuestamente perjudicado por mil dificultades, ha de vivir y cumplir con su destino, que es el resultado específico de la suma de las virtudes o de los vicios perpetrados en sus encarnaciones anteriores. Aun el recién nacido que fue arrojado como residuo en un tacho de basura, ha de sobrevivir y se emancipará en el seno de la mayor pobreza del mundo.

No hay imprudencia, liviandad o negligencia por parte de los Mentores siderales, cuando deciden sobre determinado destino humano, considerado por los hombres, como justo o injusto. Todo ha sido examinado, programado, de forma de favorecer al encarnante respecto de su vida espiritual, pues el resto es simplemente de vivencias carnales transitorias. Cada hombre vive el esquema necesario, correspondiente a su karma del pasado, sea naciendo en una choza o en un palacio. Jamás recibirá favores indebidos; nunca pagará deudas y cuentas que él no asumió.

Todo aborto no justificado, siempre es violencia y crimen, frustrando un curso programado para bien de otro ser.

Pregunta: El caso de la mujer prostituta, si por fuerza de su condición abominable ante la sociedad practica el aborto, ¿cómo se contempla ante el Mundo Espiritual?

Ramatís: La Ley no hace diferencia entre la mujer prostituta y la mujer honesta. En lo tocante a la condición de madre, ambas están regidas por los mismos preceptos. Tanto una como otra están supeditadas a dar vida a un espíritu al cual la Ley le brinda la oportunidad de materializarse.

El aborto, en el código penal de la espiritualidad, es crimen infamante, porque atenta contra un organismo indefenso. Toda gestación en la tierra está vinculada con el mundo del espacio, dado que se ajusta a un programa kármico que se viene desarrollando a través de siglos, tratando afanosamente de redimir adversarios.

Por otra parte, debéis saber que a causa de las reducidas oportunidades de reencarnaciones, a los espíritus comprometidos con la ley poco les importa nacer en una familia millonaria o en la pobreza, inclusive en la indigencia, si de condición se trata. Quien necesita con urgencia un traje protector terrenal para cumplir con su rescate, poco se interesa por la cualidad y calidad de esa vestimenta, lo que le preocupa es poder aliviar su necesidad espiritual.

No obstante, la mujer prostituta, que se somete al proceso gestativo hasta su término, redime en parte su imperfección ante la sociedad. Entre la madre rica, sofisticada, que practica el aborto por motivos sociales o por vanidad personal y la prostituta que, a pesar de las dificultades de su vida libertina, cumple con su gravidez, la Vida otorga la corona mayor a la infeliz moradora del prostíbulo con el galardón de la gloria maternal. Mientras que la madre rica abortadora tendrá que expiar su falta contra la Creación, enfrentando en su próxima existencia, el destino infeliz de tener que suplicar para que se le brinde un cuerpecito que aminore su angustia espiritual.

Pregunta:** **Muchas personas defienden el aborto, alegando que en los primeros meses de gestación, todavía no hay una vida concretada, por lo tanto, no es delito expulsar el feto. ¿Qué hay de cierto?

Ramatís: Ningún juzgamiento científico o de "entendidos" puede tomarse en serio, en caso de que su autor desconozca esas tres premisas fundamentales: vida inmortal, Ley del Karma y la reencarnación. Cualquier opinión sin el conocimiento de la vida real de la individualidad inmortal es absolutamente falsa e incoherente.

La realidad espiritual es mucho más severa, porque el cuerpo carnal del hombre, no es simplemente el cuerpo físico ocupado por el espíritu para manifestarse, sino que es la materialización de sí mismo, trazo a trazo, célula por célula, órgano por órgano. El organismo físico, en consecuencia, es el "traje vivo" en progresiva materialización dentro de la cámara o vientre materno.

No hay justificación posible para liberarse de la responsabilidad, para decir que en los primeros meses de gestación, todavía no haya individualidad o vida superior, pero el feto en constante transformación es, en verdad, el espíritu plasmándose en la figura del hombre terreno. No se trata de justificar las condiciones fetales, sino la interrupción de una vida planificada desde el Más Allá.

Pregunta: ¿Cuál es vuestra opinión sobre algunos países de buen nivel social y cultural, que legalizaron el aborto?

Ramatís: Primero, el nivel social humano, nada tiene que ver con evolución espiritual, y cultura no es sabiduría. Esos países forzados por la explosión demográfica, no encontraron otra solución, pues la escolaridad de su población se ve agravada por conceptos religiosos erróneos o por el ateísmo filosófico, ora tabúes de las creencias, ora los dogmas materialistas de la creencia, obligaron a los legisladores a incluir esa cláusula en las reglas del control de la natalidad: el aborto. Resolvieron los problemas inmediatos del país, pero no solucionaron el espiritual. Queremos resaltar que los métodos anticonceptivos son un recurso más aceptable ante la espiritualidad, porque es una decisión del libre albedrío del individuo que, en un futuro próximo o remoto, les afectará en el programa de las reencarnaciones educativas: a su vez, el aborto es contrario al "no matarás".

Sabemos que se está al término de un ciclo evolutivo y que cada uno podrá sublimar o terminar con los defectos de antaño. Como sublimar es muy difícil, se está asistiendo a una liberación desenfrenada de los instintos primitivos.

Ahora es necesario cuidar y vigilar, para que no se lleguen a legalizar las drogas, la eutanasia, la prostitución, la hechicería, el estupro, el homosexualismo, el suicidio o la corrupción.

Pregunta: Se sabe que hay un aumento en la práctica del aborto, sin que haya medidas eficientes y posibles para evitarlo. ¿No sería mejor que se controlara por medio de las leyes o se considerada como crimen? El reconocimiento oficial del aborto ayudaría a la mujer grávida a buscar la asistencia de la medicina, recibiendo la ayuda del médico competente, en vez de someterse a las intervenciones peligrosas en manos inescrupulosas.

Ramatís: Bajo los aspectos descriptos en la pregunta, es mejor que la mujer busque al médico competente, para abortar y no que se someta a manos incapaces. Como es sabido, se corre el riesgo de llegar a tener lesiones que podrían en el futuro llegar a la esterilidad o a la aparición de enfermedades de los genitales o a la posible muerte.

Aunque la legalización del aborto contemple esa práctica clandestina, legalizándola por asistencia legal, jamás se puede incentivar a la mujer para que afronte una situación delictuosa y agrave su estado espiritual en las futuras reencarnaciones. La mujer que aborta a propósito, liberándose del hijo intruso y sin la asistencia médica de protección para su vida, ha de ser una candidata —en la próxima encarnación—, a la esterilidad, al aborto incontrolado, a la enfermedad genital insoluble, a la condición irreversible de madre soltera y aun a la prostitución. Sin duda, tanto ha de gozar de las condiciones atenuantes de su culpa, como sufrirá los agravantes criminales ocasionados por su vanidad, orgullo o egoísmo.

Pregunta: ¿Es falta grave que el hombre o la mujer usen anticonceptivos para limitar su prole?

Ramatís: La limitación de los hijos a través de los anticonceptivos sólo es un recurso de "fuga" a la procreación y se mantiene el régimen de placer sin riesgos.

Pregunta: ¿Qué sucede con el espíritu que por fuerza del aborto, es expulsado violentamente?

Ramatís: Son indescriptibles la rebelión, el odio y las reacciones violentas que se lanzan sobre aquella que le impidió su rehabilitación. Además, bajo la implacable Ley del Karma, el espíritu elegido para renacer en la materia, es pasible de sufrir violencias por el aborto, pues resulta ser una entidad primaria, de sentimientos inferiores y pasiones incontrolables, que tiene fuerte afinidad con el espíritu de la madre irresponsable, que después lo rechaza.

Una vez más prevalece el concepto tradicional de "lo semejante atrae a lo semejante". Por eso Jesús se decidió por el vientre materno de María, entidad espiritualizada y sin intenciones de abortar en lo más mínimo, en tanto el alma de Agripina, cruel y lúbrica, fue el vehículo para atraer a la vida física a un espíritu de cualidades semejantes, como fue Nerón. Se cumplió con la ley de afinidad espiritual entre ambos.

Pregunta: En el caso de que Agripina practicara el aborto e impidiera el nacimiento de Nerón, hubiera sido beneficioso para el mundo y tal vez, muchos cristianos no hubieran sido sacrificados.

Ramatís: Considerando la personalidad de Nerón, con su corte de defectos y crueldades, como causa de su graduación espiritual, es evidente que la tierra tendría vigentes algunos millares de "nerones", dispersos por todas las latitudes geográficas y dispuestos a sustituirlo en las mismas infamias, atrocidades y villanías. Poco importa que se llame Nerón, Torquemada, Atila, Caifás, Calígula, Tamerlán, Hitler, Himmler o Heliogábalo. Mil abortos practicados por Agripina, no eliminarían de la tierra a los "nerones" existentes bajo diferentes personajes. ¿Cuántas veces, después que un odioso gobernante es eliminado en cruento crimen, se le sustituye rápidamente por otro gobernante portador de un carácter y personalidad peor en cuanto a atrocidades y corrupciones?

Pregunta: Para mejor esclarecimiento, ¿el espíritu repelido por el aborto prosigue deseoso de venganza contra la mujer, por mucho tiempo?

Ramatís: Conforme explicamos, el espíritu indicado para intentar el renacimiento en la mujer afín, debe admitir la probabilidad del aborto, por ser entidad de baja graduación espiritual. En general, son almas que después de muchos esfuerzos e interferencias de los espíritus amigos y familiares del Espacio, deciden hacerlo reencarnar, teniendo alguna esperanza de aplacar un poco sus débitos kármicos, y simultáneamente desarrollar los principios creativos para mejorar su posición espiritual. En general, el espíritu delincuente es también obsesor y reingresa en la vida física casi bajo hipnosis de los Mentores del Más Allá. Sucede que, muchos de esos seres, difícilmente aceptan la condición humillante de renacer a través del propio adversario, como suele ser la madre.

Por lo tanto, es más preocupante que se le niegue la oportunidad, porque el resultado es que se transforma como en un fantasma cruel, dominado por una idea fija y obsesiva; desgraciar a la mujer que lo rechazó, pues se siente engañado en sus sentimientos afectivos despertados en un momento de buena intención. Esa mujer tendrá que pagarle las cuentas e indemnizarlo de la frustración sufrida; movilizará los más sórdidos y perversos recursos, asociándose con otras entidades atrasadas y ociosas, para ayudarlo en su venganza.

Pregunta: *El espíritu vengativo y perseguidor, ¿siempre consigue concretar su deseo contra la madre imprudente que lo abortó?*

Ramatís: Todo depende de las defensas fluídicas, resultantes del comportamiento de la mujer y del amparo superior, para defenderla de la persecución del espíritu malogrado. No todas las mujeres que abortan son fácilmente vulnerables a la venganza del ex hijo, pues si se trata de criaturas serviciales, amorosas y caritativas, preocupadas con las actividades beneficiosas y filantrópicas, gozan de la protección de los espíritus amigos. Aunque esa amistad y protección del Más Allá no puedan librarla completamente de las acciones obsesivas de esas entidades, por lo menos le proporcionan el camino para poder continuar en su renovación espiritual en la materia.

Pregunta: *Comprendimos la situación de una madre aventajada, por la incidencia de sus amigos espirituales, como lo habéis explicado anteriormente. No obstante, si podéis, ¿qué pasa con una madre que no está protegida y sufre la venganza del ser que arremete constantemente?*

Ramatís: En ese caso, debéis saber que el espíritu desencarnado no posee el "doble etérico", es decir el cuerpo vital, especie de intermediario plástico que funciona entre el organismo físico y el periespíritu, durante la vida carnal. En consecuencia, toda acción nefasta o vengativa de los desencarnados sobre los "vivos", sólo se puede ejercer en forma indirecta, porque les falta el soporte "etérico-físico", conocido por "doble etérico", para poder actuar directamente.

De ese modo, el espíritu vengador dominado por indomable obstinación de herir a la mujer que le negó la entrada al mundo material, al no poder accionar en forma directa, se limita a sembrar intuiciones incorrectas, pensamientos o sugestiones que finalmente la martirizan, conduciendo a la víctima a los accidentes y otras anormalidades que le suceden en la vida humana y en forma inexplicable. El éxito de ciertas providencias movilizadas por los maquiavélicos "veteranos" del Más Allá, es que el obsesor se ajusta a la faja vibratoria de la vida doméstica de su víctima, sembrando intrigas, estimulando vicios y ocasionando discusiones entre los familiares hasta terminar en un conflicto perturbador.

A veces consiguen introducir "soportes de magia", construyendo una especie de "puente etérico" que ayuda al vampirismo, por la succión de los fluidos vitales, produciendo un círculo coercitivo alrededor de la madre culpable. Le intoxican el ambiente fluídico, le excitan los sentimientos negativos, le apartan la seguridad espiritual a través del desánimo y el descreimiento, robándole el "tonus vital" hasta el desfallecimiento final, y le minan la existencia humana saludable, por esa caída vibratoria mental y emotiva. Si no procediera la interferencia de ayuda espiritual, que puede romper el campo físico etérico que rodea a la víctima, el obsesor conseguiría conducirla a una vida de frustraciones y a la aniquilación irreversible.

Incontables manifestaciones de esquizofrenia y otras alteraciones de orden mental pueden resultar de la persistencia y obstinación obsesiva de espíritus vengativos contra las criaturas desprotegidas. Después de esa larga y persistente infiltración diabólica, el verdugo consigue desarmonizar el campo del raciocinio de su víctima, hasta lograr situaciones enfermizas de cierta gravedad. Además de arruinar la existencia del ser, cuya aura consiguió que bajara de frecuencia, se vuelve un campo favorable para la proliferación de miasmas, virus y "formas mentales" perniciosas, produciéndose la sintomatología que desafía los avanzados procesos de diagnosis médica.

Algunas veces, los baños de descargas de hierbas desintegradoras y de buen magnetismo, aportan algún alivio a la paciente, pero en verdad, la cura depende principalmente del aislamiento o la cristianización del obsesor, el verdadero responsable de ese hecho, que hemos comentado casi detalladamente.

Además, existe en el bajo astral una verdadera asociación de espíritus malhechores, especie de mercenarios que aceptan cualquier encargo y atienden las más ignominiosas solicitudes, a cambio de otros servicios recíprocos, para la explotación de los encarnados. Los espíritus evolucionados no luchan con las mismas armas de los atrasados, en consecuencia, ante las porfías violentas, que requieren el uso de métodos maquiavélicos o ataques brutales, las entidades de elevada espiritualidad prefieren retroceder y esperar, evitando caer en el mismo campo vibratorio inferior generado por el instinto animal.

La única manera razonable y aconsejable para que la madre pueda liberarse del obsesor y de su persecución inquebrantable, es aprisionarlo nuevamente en la jaula de huesos y nervios de un cuerpo generado en sus entrañas. Al darle la vida, también se libera de su odio vengativo y le anula la libertad peligrosa que ostenta en el mundo oculto. Es de Ley Kármica, que la madre abortadora jamás se libra de volverse vaso materno para generar el cuerpo del mismo espíritu frustrado. Repetimos: "La siembra es libre, la cosecha obligatoria", a la que se le debe agregar la advertencia sibilina de Jesús, al afirmar que "el hombre debe pagar hasta el último centavo".

Pregunta:Al final de este mensaje, ¿cuáles serían vuestras consideraciones sobre este asunto tan controvertido, como es el aborto?

Ramatís: No obstante las diversas opiniones humanas, favorables o no respecto al aborto, considerándolo ora un crimen pasible de punición, ora apenas una práctica oficializada por la legislación común, la verdad es que se exceptuaron las consideraciones de la realidad espiritual.

La realidad indiscutible y exceptuada de cualquier sofisma es que todo renacimiento en el planeta significa un camino de progreso, redención y ventura para que un espíritu logre su mejoría espiritual; mientras que el aborto es la acción que impide la oportunidad de esa gracia salvadora. Siendo así, las criaturas que se rehúsan a procrear organismos físicos para otros compañeros desencarnados, también son candidatos a las mismas condiciones desagradables y aflictivas, en el futuro, correspondiéndoles enfrentar la simbólica "fila" de los candidatos avezados en frustrar el curso vital de las existencias carnales.

Resumiendo, los hombres pueden justificar de diversas maneras el aborto, pero ante la espiritualidad, siempre consta el agravante de oponerse a la evolución de espíritus mutuamente comprometidos.

LA MENTE

Pregunta: ***¿Es útil para la doctrina espiritista estudiar la Mente, en el sentido de conocer sus secretos, como lo hacen el Esoterismo, la Teosofía, los Rosacruces o el Yoga?***

Ramatís: Además de interesarle a la doctrina espiritista, debe profundizar todas sus facultades, poderes y recursos del Espíritu Inmortal, para apresurar la evolución de la humanidad. Y siendo el Espiritismo un movimiento espiritualista práctico y popular, sin complejidades iniciáticas, su principal misión es transmitir el conocimiento directo de la inmortalidad y enseñar a los hombres, sus deberes espirituales en sus relaciones con el prójimo.

Pregunta: ***¿Cuál es vuestra opinión sobre la bibliografía espiritista en el estudio de la Mente?***

Ramatís: Aunque no existan compendios espiritistas especializados en este tema, es bien extensa la bibliografía existente sobre el asunto, práctica y bastante comprensible. Son escritos, comunicaciones y mensajes mediúmnicos editados en varias obras, revistas, diarios y folletos doctrinarios, siendo un excelente contenido de conocimientos, análisis y soluciones sobre los problemas de la Mente.[15]

---

[15] Ver ***Ante la Vida Mental*** obra "Roteiro"; ***Cuidemos la Salud Mental*** y la obra ***Pan Nuestro***, ambas de Emmanuel; ***Parasitosis Mental*** de Dias de la Cruz; ***Pensamiento*** de Lourenco Prado; ***Concentración Mental*** de André Luiz y ***Fijación Mental*** de Dias de la Cruz, en su capítulo ***Instrucciones Psicofónicas*** de F.C. Xavier. Ver la obra ***Los Fantasmas de la Mente***, de Albano Couto; M ***mismo Jesús***, de Alberto Seabra. ***Misioneros de la Luz***, ***La Epófisis*** de André Luiz. ***Nuestra Vida Mental*** capítulo 56, de la obra ***Ideal Espiritista***, Cáp. V al XXV.

Pregunta: ¿Hay necesidad de una terminología específica o lenguaje apropiado, para comprender la naturaleza de la Mente?

Ramatís: ¡Sin duda! Los orientales, principalmente los hindúes, perciben fácilmente las complejidades de la Mente (aunque saturados de alegorías, símbolos o claves iniciáticas); porque sienten a través de esos recursos, aquello que la palabra escrita no puede manifestar en su frialdad oriental. Todo lo contrario a los occidentales, cuyo intelecto es adverso a los símbolos, terminologías exóticas, alegorías convencionales o aforismos poéticos. Lo que el occidental necesita es "ver" para "creer", en cambio, el oriental lo "siente", por su avanzada sensibilidad intuitiva.

Los antiguos sacerdotes, magos o instructores de la vida oculta eran obligados a resguardar sus conocimientos esotéricos para evitar que los legos hicieran mal uso de esas revelaciones.

Aun hoy, en el siglo XX, la misión del Espiritismo es explicar a la luz del día, la práctica de esas enseñanzas milenarias del mundo espiritual, las que sólo eran accesibles a los discípulos iniciados en los misterios. Le cabe a la doctrina de Kardec, transferir para las capacidades psíquicas del occidental, aquello que los maestros hindúes, caldeas, asirias, egipcios o persas, enseñaban mediante jeroglíficos, símbolos, códigos o signos cabalísticos.

Pregunta: ¿Nos podríais explicar algo provechoso sobre la Mente?

Ramatís: La Mente es el principal medio de acción del espíritu sobre las formas ocultas o visibles de la materia; es responsable por las creaciones y metamorfosis de la vida. Hace muchos siglos se citaba en la tierra el sabio aforismo hindú: "El hombre se convierte en aquello que piensa"; lo cual equivale, en el concepto occidental, a: "El hombre es el producto de lo que piensa". El poder o la energía mental del espíritu, le sirve para realizar sus objetivos, en conformidad con las aspiraciones de su conciencia. Es un reflejo del poder del pensamiento emanado de la Mente Divina, manifestado a través del espíritu inmortal.

El espíritu del hombre acciona por el pensamiento, la energía sutilísima de la Mente. Y acciona de inmediato, por medio del "doble etérico", en el cuerpo físico, donde cesa el impulso generado en el mundo oculto. Bajo el proceso mental, se producen modificaciones constantes en las relaciones del individuo con el ambiente y las personas. En consecuencia, el hombre es el resultado exacto de su pensamiento, porque la Mente es su guía en cualquier plano de su vida. La Mente, en fin, es la usina de la inteligencia, del progreso moral, físico, científico, artístico o espiritual. Es la base de la felicidad o de la desventura, de la salud o de la enfermedad, del éxito o del fracaso.

La actitud pesimista del ser lo demuestra en su rostro, cuando tiene temor, desánimo o vejez prematura; mientras que los pensamientos optimistas dan juventud al rostro viejo, valor al débil y le diluyen los aspectos desagradables. A través de las diversas vidas físicas, el espíritu educa y aprende a gobernar sus fuerzas mentales, hasta plasmar su forma angélica y usufructuar la Ventura Eterna.

El hombre piensa por la Mente, siente por el astral y acciona por el físico. En consecuencia, sufre por el bien o el mal de aquello que piensa, pues hay pensamientos constructivos y también destructores. El pensamiento, siendo inmaterial, posee un poder mayor al de las realidades físicas. Y debe conocer, tanto como le sea posible, el accionar del mecanismo de la Mente, para poder gobernarla como señor y no como esclavo.

Pregunta: A nosotros nos parece que el cuerpo físico es lo único real en nuestras vidas.

Ramatís: El hombre todavía no sabe distinguir la positiva acción mental sobre su cuerpo físico, por eso, juzga que es más importante que la Mente. Pero la verdad es que la Mente es el poderoso vehículo del espíritu, pues el cuerpo carnal, apenas es la vestimenta provisoria que, minuto a minuto, envejece y se encamina fatalmente hacia el "guardarropa" del cementerio.

No se puede hacer nada sin pensar primero, porque la Mente es la fuente inmutable de toda la creación. Pero, aquello que se hace por instinto, ya fue pensado anteriormente y automatizado en el "depósito" de la memoria, y se manifiesta en el momento propicio, en la forma de acciones instintivas. El pintor, el escultor o el compositor, sólo crean sus obras después de producirlas en pensamiento. Aun cuando juzga que produce algo por "inspiración", ajena a su mente, es porque reciben sugestiones de otras mentes, que tanto pueden ser encarnadas o desde el Más Allá. Como resultado de ello, a veces surgen inventos semejantes, producidos al mismo tiempo, por creadores diferentes.[16]

En ciertos casos, los genios, artistas, poetas o científicos, componen o tienen creaciones "inéditas", pero en parte, obedecen a los impulsos instintivos del subconsciente. Es el periespíritu que les transmite "viejas cosas", en conexión con fragmentos de nuevos pensamientos, que parecen verdaderamente originales. Jamás se ha de crear cosa alguna en el mundo de las emociones o de la materia, sin que antes no haya sido creado por la Mente.

Pregunta:Apreciaríamos alguna consideración más sobre el fundamento del poder mental del hombre.

Ramatís: Sabemos que el Universo es el fruto del pensamiento de Dios. En consecuencia, todo lo que concebimos, por maravilloso que parezca, existe en el Pensamiento Divino, porque nada puede pensarse fuera de Dios. No existen dos creadores del Universo. Y el llamado Diablo, como entidad adversaria, antítesis y opuesta a las cualidades divinas, es simplemente un mito o producto de la leyenda y de la ignorancia humana.

Demostrando a Dios nuestras virtudes, nos compensa porque es infinitamente Bueno, Sabio, Justo, Magnánimo y Poderoso y todo cuanto existe para bien de sus hijos, es indiscutiblemente emanado de su Mente. Y, siendo el hombre una centella emanada del Creador, es indudable que también heredamos sus cualidades, aunque eso suceda de modo finito y de acuerdo con nuestra comprensión y capacidad espiritual. La Biblia también asegura que "el hombre fue hecho a imagen de Dios", más tarde, el mismo Jesús, confirmó el concepto, diciendo: "Yo y mi Padre somos uno", o aun, "vosotros sois dioses".

Siendo así, se puede usar el poder de la Mente, modelando los destinos hacia objetivos venturosos, porque en la intimidad espiritual permanece indestructible, por ser el aliento y sabiduría del Padre. Muchos hombres pasaron por el mundo produciendo fenómenos poco comunes, y fueron clasificados de

[16] Ver el capítulo "Una Fuente Pública de Elevada Función Terapéutica", de la obra *La Sobrevivencia del Espíritu*, de Ramatís y Atanagildo.

"magos" poderosos, pues en verdad, dominaban las leyes de la Naturaleza, ejerciendo modificaciones en sus organismos.

A través del poder de la Mente se elevaban (levitación), desmaterializaban objetos y se transportaban de un lado a otro, además de provocar toda suerte de interferencia en su organismo, conforme narra la historia iniciática sobre los famosos yogas Babaji, Lahiri Mahasaya y Nagendra Bhaduri.

Hecho a la imagen de Dios, el hombre posee la miniatura del poder, de la gloria y de la sabiduría de Dios. El fracaso, el infortunio, la ignorancia y el mal son frutos exclusivos de la incapacidad, por no saber usar la energía de la Mente. Las palabras de Jesús tienen un significado oculto, cuando dijo: "Aquel que cree en mí, también hará las obras que yo hago y aun más". Es evidente que el Maestro se refería al uso y gobierno de la Mente, porque el pensamiento es la base de toda manifestación de la vida, que nos posibilita creer, hacer y progresar.

Pregunta: Nos habéis dicho que la Mente tanto produce la enfermedad como la salud. ¿Nos podéis agregar algo más al respecto?

Ramatís: "La salud es el pensamiento en armonía con la ley de Dios".[17] Fuera de los accidentes o autodestrucción deliberada, el hombre sólo se enferma cuando hay desequilibrio en su organismo. El cuerpo humano está constituido por átomos, moléculas, células y tejidos, sustentados por las colectividades de microbios, virus, ultravirus y otros elementos vitales, de las más variadas especies, pudiendo caber millones en una cabeza de alfiler. El hombre es un conglomerado de infinitesimales vidas en constante efervescencia, pues hay especies que nacen, procrean y mueren en algunos minutos.

Se trata de la actividad oculta en la intimidad del ser, creando, construyendo, sustituyendo o destruyendo tejidos, sangre, huesos, linfa, jugos, fermentos u hormonas, resultando las más inconcebibles transformaciones en la composición del cuerpo carnal. Y todo sucede sin el conocimiento o interferencia de su dueño.

Mientras tanto, ¿cuál es el genio o poder que aglutina la fauna heterogénea de esas vidas inferiores, proporcionando el

[17] Concepto del espíritu, de Lourenco Prado a través del médium Chico Xavier, en el capítulo "O Pensamento", de la obra *Instrucciones Psicofónicas*.

equilibrio de la forma humana y sus actividades? ¿Cuál es el poder creado por Dios, que proporcionó esas colectividades microbianas, dispersas en el seno del psiquismo, disponiéndolas tanto en el reino mineral y vegetal y plasmándolas en las especies animales inferiores, hasta lograr posteriormente la configuración humana?

No es necesario aclarar que ese poder, a disposición del espíritu inmortal en el planeamiento de su conciencia, es la Mente. Ella construyó desde la noche de los tiempos, el atomismo del cuerpo humano y le dio al hombre el poder de razonar. A través del tiempo, la Mente movilizó y aglutinó la extraordinaria "mano de obra" dispuesta por los infatigables "trabajadores microscópicos", para cumplir con el plan trazado por el Creador. Los gérmenes más dispares confraternizan para realizar un trabajo constructivo hasta componer el cuerpo físico que albergue a la centella divina emanada de la Fuente Divina. Pero, bajo la dirección de pensamientos negativos, esas vidas inferiores se rebelan y causan desorden, caos, enfermedad y hasta la muerte. No obstante, puesta en acción por una fuerte voluntad y energía mental superior, esos seres infinitesimales se reactivan, renovando células, fortificando tejidos y ajustando órganos a la dinámica fisiológica que proporciona la salud.

Por consiguiente, sí la enfermedad es producto del caos, desorden y desequilibrio, en la intimidad del equipo psicofísico del hombre, la salud es el fruto del equilibrio y del trabajo armonioso de esas vidas microscópicas que se condensan preparando armoniosamente la envoltura periespiritual, para formar el cuerpo carnal.

Pregunta: ¿Qué experimentos comprueban el poder de la Mente, en su acción dinámica, en la armonía fisiológica del cuerpo humano?

Ramatís: Los espíritus esclarecidos en el estudio y entrenados en dirigir las fuerzas ocultas, principalmente los yogas y faquires, comprueban el poder de la Mente en sí mismos, por las experiencias y fenómenos, fuera de lo común, que se procesan en sus cuerpos físicos, bajo la fuerza implacable de la concentración de los pensamientos positivos y dinámicos.

También se pueden observar los admirables recursos y potencial de la Mente humana mediante las asombrosas experiencias del hipnotismo, cuando el "sujeto" bastante sensible, dominado por las sugestiones del hipnotizador, produce en sí mismo diversos fenómenos anormales e imposibles de ejecutar durante su estado de vigilia. Bajo hipnosis, se modifican las actividades fisiológicas del sensitivo, como ser la sensibilidad nerviosa; se aceleran o reducen los latidos del corazón, se eleva o baja la presión sanguínea y la temperatura del cuerpo; tiembla de frío o siente calor excesivo y si fuera abstemio, ingiere alcoholes fuertes, sin reacción alguna; se embriaga con una simple copa de agua pura. Ríe, llora, canta y hace la mímica perfecta, ejecutando hipotéticos instrumentos.

Aun bajo sugestión, acusa las funciones de las glándulas salivares, jugos gástricos y fermentos, como si realmente estuviera merendando. El hipnotizado no sufre los dolores que le son habituales o los sufrimientos, abandona temporalmente los vicios que posee arraigados, se libera de las pasiones violentas, pierde la memoria, la identidad, cambia los nombres de los familiares; se retrotrae a la fase del lactante, ingiriendo sólo leche y rechaza los alimentos de los adultos. Aun después de regresar a la vigilia, liberado de la hipnosis, sigue cumpliendo instintivamente las órdenes que le fueron determinadas durante el sueño hipnótico y bajo el control de un "signo señal". Todo eso comprueba el poder de la Mente.

Pregunta: ¿Por qué los niños pueden enfermarse desde temprana edad, cuando aún saben usar el verdadero sentido de su poder mental?

Ramatís: Los espiritistas saben que el hombre sufre en vidas futuras, los efectos kármicos del bien o del mal causado a sí mismo o al prójimo.

El pensamiento es lo que sobrevive a las diversas muertes del cuerpo físico; por eso registra en su contextura maleable, los impactos producidos por la mente humana en sus encarnaciones pasadas y también en su libertad en el Más Allá. Hemos esclarecido en una obra anterior,[18] que las energías mentales y tóxicas se incrustan en el periespíritu y después "descienden"

[18] Ver el capítulo "La Salud y la Enfermedad", de la obra ***Fisiología del Alma***.

hacia el cuerpo, el cual se transforma en un "secante" o "esponja" viva, que absorbe las impurezas del periespíritu.

Cuando el organismo se desintegra en la tumba, no sólo libera las colectividades microbianas que constituyen su contextura física, sino que disuelve en el suelo, los tóxicos, líquidos y las sustancias de que era portador.

En la mayoría de los casos, el espíritu se encarna en nuevos cuerpos, con el estigma de la enfermedad congénita (prereencarnatoria) que es fruto de los venenos adheridos al periespíritu, como son las deformaciones, atrofias y desequilibrios orgánicos cuyo origen son los abusos, como es el caso del suicidio, de mucha responsabilidad ante la ley divina. Por eso renace cojo o deformado, pues el periespíritu drena la descarga violenta de las toxinas "prereencarnatorias", además, puede enfermar por etapas, aumentando su gravedad e inclusive, puede llegar a la muerte. El bagaje funesto de otras vidas, sobrecargando al periespíritu, es el fruto del mal uso de la fuerza mental incorporada a los fluidos astralinos perniciosos, generados por el cuerpo astral en las emociones violentas e indisciplinadas.

Esa carga deletérea, después requiere largo tiempo para que la mente efectúe la drenación o modificación futura, a través de sus encarnaciones.

Además, debéis saber que el niño enfermo, también es un espíritu adulto que porta el estigma enfermizo del pasado, buscando su limpieza periespiritual en el proceso doloroso de drenar su escoria detestable hacia el cuerpo de la carne. Por otra parte, los familiares de la criatura enferma pueden agravarle la enfermedad, si la bloquean con pensamientos morbosos, ideas funestas, sugestiones peligrosas o emociones incontroladas, que atraviesan el campo mental de la criatura y la desprotegen en su defensa psíquica. Así como la concentración de fuerzas mentales agradables y esperanzadas, proyectadas por un conjunto de personas, modifica el ambiente para una atmósfera alegre y saludable, lo opuesto produce efecto destructivo. En obediencia a la ley: "Lo semejante atrae a lo semejante", la enfermedad se agrava en los entornos mentalmente debilitados.

En nuestro peregrinaje terrenal, conocimos en la India un adagio, que decía: "Los pensamientos son como los colibríes, que se alimentan de las flores; o como los cuervos, que viven de la podredumbre".

Jesús levantaba a los lisiados, limpiaba las llagas o curaba a los ciegos, con palabras enérgicas y persuasivas. Adosaba su fuerza mental a la mente de los enfermos y les modificaba su contextura celular. El Maestro sabía que el cuerpo humano es un conglomerado de microorganismos vivos que dependen de las condiciones positivas o negativas de la Mente, operando transformaciones prodigiosas en la intimidad atómica del ser humano.

Pregunta: ¿Cuáles fueron las enseñanzas de Jesús, que demostraban particularmente el poder de la Mente?

Ramatís: Cuando el Maestro recomendaba la "fe que mueve montañas" o "buscad y encontraréis", sin duda alguna que se estaba refiriendo al poder del espíritu sobre la mente, pues la fe no tiene positividad alguna, si está insegura y desajustada. El mover la "montaña" de dificultades, enfermedades, vicisitudes, tristezas y temores, requiere una convicción inamovible y una mente serena.

Los acontecimientos producidos por los faquires, magos y yoguis, se fundamentan en el poder de la Mente; ellos consiguen accionar directamente en los "astrales etéreos" de las plantas y de los animales. San Francisco de Asís les hablaba a los peces y domesticaba los lobos; Jesús aquietaba las cobras, con sólo pasar a su lado; e innumerables santos de la India se cubrían de hormigas y arañas, sin que les produjeran mal alguno.

Pregunta: ¿El Espiritismo de Kardec también admite la noción del poder Mental, en sus actividades doctrinarias?

Ramatís: —Las tradicionales concentraciones que los dirigentes espiritistas recomiendan en las sesiones mediúmnicas, son para fortificar las "corrientes mentales". Por eso la Iglesia Católica Romana adopta ceremoniales, oraciones colectivas y cánticos sacros, focalizando la mente de los creyentes en un solo objetivo. La energía mental acciona positivamente sobre la materia astral y se incorpora formando una cadena invisible, constituyendo una creación colectiva que puede aglutinarse en forma compacta y bastante visible, por la facultad psíquica, conocida en Oriente como Egrégor.[19] Esa coordenada mental es muy necesaria, pues los trabajos espirituales sugieren pensar firmemente en Dios, Jesús, en el Amor o simplemente en el Bien. Los Esoteristas, Rosacruces y Teósofos prefieren meditar en imágenes, como ser flores, estrellas, signos y símbolos, comúnmente conocidos por la comunidad, porque se piensa en ellos más fácilmente. El "Egrégor" o imagen mental debilitada, por causa de divergencias en sus ideas, hace vacilar la configuración del objetivo escogido para la unión mental.

Aunque reconocemos que es mucho más elevado pensar en Jesús, Dios, en el Amor o en el Bien, como se acostumbra en los ambientes espiritistas, no obstante, los devotos o asistentes consiguen éxito si no difieren en la configuración mental. El Amor y el Bien no son entidades conocidas en forma concreta u objetiva, sino estados de espíritu que no se pueden configurar en la mente. Obviamente, pensando en esas sugestiones, los participantes recuerdan de inmediato los actos caritativos y amorosos, correspondientes a lo sugerido por el Amor y el Bien, pero difícilmente será creado un "centro de fuerzas" homogéneo y semejante para el éxito de la concentración mental, cuando convergen imágenes e ideas diferentes.

De la misma forma, Dios no es una entidad morfológica y jamás nadie puede conocer su exacta Realidad Divina o explicarla con una imagen coherente. Hay criaturas que conciben a Dios como un Arcángel, el Señor, y hasta un Ser humano divinizado que administra el Cosmos y juzga a los hombres. Algunos aceptan la idea de Energía, Soplo Vital, Foco Creador, Centro Luminoso, Luz, Fluido Eterno; otras, prefieren admitirlo como Pensamiento Increado, Mente Divina o Pensamiento Puro. No

---

[19] Los pensamientos concentrados de un grupo de personas, crean poderosos centros o focos de energías mentales, impenetrables para las malas influencias e irradian fuerzas en todos los sentidos. Tales focos son imágenes astro-mentales generadas por una colectividad consciente, son cadenas invisibles o una especie de ser colectivo, ***Sabiduría Esotérica***, de Cinia Riedel Figueiredo, editada por "Editora O Pensamento". Dice C. Phaneg, reconocido ocultista: "El pensamiento, la voluntad, el deseo, son fuerzas muy reales, mucho más que la dinamita o la electricidad. Bajo su influencia, la materia astral, tan plástica, se hace compacta y toma forma, como ha sido comprobado por innumerables experiencias". Ver el capítulo III, "La Oración Colectiva", de André Luiz, en la obra ***Nuestro Hogar***, que dice: "Llenaban el recinto misteriosas vibraciones de paz y alegría, y acompañando las suaves notas de una música, casi celestial, se vio a lo lejos, en un plano elevado, un corazón azul, muy hermoso, con estrías doradas".

hay duda de que todo eso es un esfuerzo o intento de los hombres, que se sirven de sus propias creaciones finitas y vocablos insuficientes del lenguaje humano, intentando definir lo Absoluto. Mientras tanto, esas diferentes concepciones, jamás formarán un "foco mental" atractivo y semejante en pensamiento.

Pregunta: Sin embargo, creemos que pensar en Jesús, como hacen los espiritistas en su concentración, no dificulta la armonía de pensamientos. ¿Cuál es vuestra opinión?

Ramatís: Pensar en la imagen de Jesús es muy diferente a sentirlo. En el primer caso es necesario fijar su imagen en el campo mental; en el segundo, varía conforme con el sentimiento o grado espiritual.

¿Cómo conciliar tantas imágenes diferentes que modelaron los distintos pintores sobre la imagen de Jesús y unificarlas en una sola idea mental, de modo tal que se constituye un centro de fuerzas homogéneo?

Pregunta: Jesús dijo: "Donde estuvieren dos o más reunidos en mí nombre, allí estaré presente".

Ramatís: También Jesús advirtió: "Yo no vine a destruir las leyes y sí, a cumplirlas". El mentalismo también es ley no derogable, aun para el Maestro, pues disciplina la técnica de la concentración mental, que controla los pensamientos. El arte de pensar y dinamizar energías para un fin constructivo, exige los requisitos de convicción y uniformidad de ideas o de imágenes.

Además, no basta sólo pensar en Jesús, para que Él se manifieste junto a los hombres, reunidos en su nombre; eso depende de las condiciones espirituales y de las intenciones humanas. Es evidente que sería una traición a la confianza del Maestro, si alguien se reuniera en su nombre, con objetivos ofensivos sobre su graduación angélica. Los cruzados masacraban a los infieles, los inquisidores quemaban a los herejes; y los católicos mataban a los protestantes, en Francia, bajo el dominio de Catalina de Médicis, a los gritos de "Viva Cristo". En la última guerra, los pilotos de las aeronaves modernas arrojaban bombas sobre ciudades indefensas, rogando la asistencia de Dios y de Jesús, para el éxito de esa empresa infernal.

***Pregunta:** ¿Cuál es la influencia positiva del Espiritismo en la esfera del perfeccionamiento mental de los hombres?*

***Ramatís**:* La tierra es un orbe primario de educación espiritual, escenario de rectificaciones kármicas muy comprometidas, pues aún dominan en su humanidad pasiones inferiores y salvajes, vicios de todo tipo, odios feroces, ambiciones desmedidas, guerras devastadoras y crímenes tenebrosos. En su aura mental, sombría y viscosa, explotan constantemente las cargas violentas de energías inferiores concentradas por la mente humana, todavía esclava de los instintos animales.

En la ley: "Lo semejante atrae a lo semejante", la carga mental enfermiza producida por los hombres, se transforma en el alimento tan deseado por los espíritus inferiores del bajo astral, que se abalanzan hambrientos sobre la superficie de la tierra, para saciar sus deseos macabros. De ahí que recrudece el tenor mental y perjudicial para la humanidad, presionada por los placeres incontrolables de la codicia y posesión material, multiplicándose en su frecuencia inferior, por la contaminación de las mentes desencarnadas. De esa forma, el aura de la tierra cada vez es más nociva y peligrosa para recibir la ayuda superior. Las corrientes mentales supercargadas de magnetismo perjudicial accionan sobre los hombres inconscientes e irresponsables, activándoles el bagaje inferior y fluyendo en forma de emociones violentas, a través del cuerpo astral. Por eso los hombres, cada vez demuestran ser más neuróticos y desahogan su tensión peligrosa en el alcohol, drogas y en placeres que logren apaciguar los momentos cruciales. No obstante, vuelven a recrudecer las causas enfermizas de la Mente descontrolada. A pesar de los esfuerzos de la medicina para erradicar esos males, los espíritus del bajo astral ganan terreno a través del "puente mental" venenoso que los hombres fortalecen con el intercambio peligroso y detestable de ser "alimentos vivos" de las tinieblas.[20]

Por eso, en épocas así, Dios previo el "fin de los tiempos", como medida sanadora para la humanidad mentalmente enferma, a fin de evitar una saturación perjudicial en grado extremo. Por eso, se justifica que la Plana Mayor de la Espiritualidad estimule la apertura de los templos iniciáticos, difundiendo las

[20] Ver el capítulo "Como Servimos de Alimentos Vivos a los Espíritus de las Tinieblas", de la obra *La Vida Más Allá de la Sepultura*, de Ramatís y Atanagildo.

enseñanzas ocultas a través del Espiritismo, como ayuda urgente para neutralizar los efectos tenebrosos generados por el egoísmo, ambición, maldad y pensamientos maléficos de los hombres.

En una apremiante convocatoria —*in extremis*—, Allan Kardec codificó el Espiritismo como terapia de la Medicina Espiritual prescrita en vísperas de la grande y severa transformación espiritual de la humanidad. Por lo tanto, la doctrina espiritista debe administrarse con urgencia, sin símbolos, devociones, alegorías, idolatrías u organizaciones tipo sacerdotales. La humanidad está gravemente enferma en el espíritu y no hay más tiempo para confiar en los diagnósticos fallidos y dogmáticos, del sacerdocio del mundo.

Es necesario aprovechar incondicionalmente el precioso tiempo aún disponible, para la urgente renovación espiritual de la humanidad.

Pregunta: Nos extraña que los hombres, en cuyo seno permanece indestructible la llama divina oriunda de Dios, produzcan esas energías inferiores, resultantes de sus pensamientos.

Ramatís: Los hombres no producen sustancia mental inferior o superior, sólo usan su virginidad cósmica para modelar sus pensamientos y concretar sus deseos, sean malos o buenos. Cuando se consume la energía mental en el uso de pensamientos sublimes, se eleva y volatiliza, pasando a usufructuar y a influir en otras mentes afines, con las mismas virtudes. Pero, si se usa con propósitos inconfesables, entonces se producen residuos deplorables, que se adhieren al periespíritu de sus autores y les hacen la vida infeliz. Por lo tanto, la Mente es la fuente energética del pensamiento, que tanto crea la ventura como la desventura de su agente.

Pregunta: ¿Cómo debemos entender esa explicación sobre el uso de la sustancia mental virgen del Cosmos y su consecuente transformación en energía negativa?

Ramatís: Consideremos que el agua pura sea "energía mental" virgen del Cosmos; después de lavar en ella las manos sucias, se transforma en "energía deletérea". Además, la Mente

Cósmica es una sola esencia en todo el Infinito, pero varía en sus manifestaciones conforme con el campo y nivel donde actúa.

Pregunta: ¿Cómo se procesa la actuación de la Mente Cósmica, que se gradúa de acuerdo con los planos que se manifiesta?

Ramatís: Evidentemente, el Universo es el producto del pensamiento o de la Mente de Dios. Mas, Dios no sólo creó el Cosmos y la vida en los campos materiales, sino que es el sustentáculo de esa Creación, distribuyéndola equitativamente en todo su ámbito.

La Mente Cósmica, de amplitud infinita, que impregna todas las cosas y a todos los seres, tanto atiende los pensamientos y la vida de los ángeles, como los mundos materiales y los seres inferiores. Nos recuerda la condición de la luz, que también se gradúa a los ojos de acuerdo con las circunstancias del medio donde se manifiesta y de los vehículos que son intermediarios. Existe una gran diferencia entre la cualidad de luz de una fuente de alto voltaje y la diminuta luminosidad que emana de una sencilla lámpara de kerosene. Siendo así, la Mente Cósmica, al filtrarse por la mente diminuta del hombre también restringe su potencial, respecto de la función y graduación del humano o del medio donde actúa. Sin duda que hay una notable diferencia mental, que atiende al desarrollo instintivo del salvaje, en comparación con el que impulsa los avanzados raciocinios del científico. En consecuencia, no puede haber igualdad entre la energía mental de los ambientes inferiores y la sublimidad que existe en las conquistas morales y materiales que impulsa la evolución de la humanidad.

En verdad, cada espíritu posee en sí mismo la poderosa energía mental de elevado nivel creador, y también, en el más bajo campo de la vida, dependiendo de su tipo, objetivos y del ambiente donde actúa. No obstante, la Mente Cósmica jamás se modifica en su esencia, aunque se manifieste a través de varios caracteres humanos y reinos materiales, tal como la luz del Sol, que no altera su origen cuando se filtra a través de vidrios de colores.

Pregunta: ¿Qué nos podéis decir respecto de la naturaleza física, mental y espiritual del hombre?

Ramatís: El hombre es un ser muy complejo; y nosotros mismos, espíritus desencarnados, poco sabemos de su contextura espiritual eterna. El espíritu del hombre —como se sabe— es un fragmento de la centella virginal del Espíritu Cósmico. Es inconsciente de su origen hasta habitar en la materia, donde aprende a conducirse y modelar su conciencia de "existir" o de "ser" algo en el seno del Todo. A través de los estímulos de la vida animal inferior o instintiva, entra en relación con el medio ambiente, y en forma gradual coordina sus reacciones, pasando a sentirse un individuo con existencia aparte, pero íntimamente ligado con el espíritu de Dios.

El espíritu virginal emanado de Dios no se puede vincular, súbitamente, con el plano denso de la materia. Por lo tanto, al emanar del Creador, tiene que operar en sí mismo una constante y gradual "reducción vibratoria" o "descenso espiritual", hasta conseguir ajustarse al patrón vibratorio del mundo material.

Aunque inconsciente, deja su "hogar sideral" y viaja en dirección al mundo físico. En el primer plano del descenso, la Mente empieza a modelar su vehículo mental, incorporando la energía para pensar; luego, en el plano astral, compone ese otro vehículo emotivo que le da la facultad de sentir; después, en el plano vital, incorpora el vehículo vital para vivir en el plano exterior; y finalmente, alcanza el último plano, modelando el cuerpo carnal, para accionar en la materia. En verdad, en ese descenso, el espíritu desprendido de la Conciencia Cósmica permanece íntimamente ligado con Dios, pues sólo reduce su estado vibratorio, pero no se desprende de la fuente creadora. Aun estando encarnado, es un espíritu inmortal, pues la mente física apenas lo desliga del mundo exterior, dándole mayor amplitud en su verdadera manifestación espiritual. A través de las esferas de la Mente, del Astral y Vital, trabaja aglutinando las energías altísimas del mundo oculto, para configurar, poco a poco, el modelo del cuerpo que deberá plasmar en la sustancia carnal, en el término de la última etapa de su descenso.

Después de completar ese descenso vibratorio y alcanzar la fase ínfima de la vida en la materia, entonces se inicia la composición de la conciencia instintiva, aunque todavía sea un juguete de las fuerzas animales. La centella virgen e ignorante, emanada del Espíritu Cósmico de Dios, despierta y se desarrolla, modelando su conciencia individual en la experiencia de las especies inferiores. Más tarde despierta el intelecto que le da el raciocinio, capaz de hacerle discernir sobre lo que es provechoso o maléfico, bueno o ruin, cierto o errado, como elementos adquisitivos en la formación de su conciencia individual. Así como la oruga posee en su intimidad el esquema de la alada mariposa, el hombre aprisionado en la carne contiene en sí el poder microscópico del potencial de Dios. Y a medida que progresa en el crecimiento de su Conciencia Espiritual, también va dejando las formas carnales y ensaya el vuelo definitivo para habitar los mundos felices.

Pregunta: ***Ese "descenso vibratorio" que mencionáis, ¿también se conoce como "caída angélica"?***

Ramatís: En el "descenso angélico", la masa espiritual virgen emanada de Dios compone las conciencias individuales a través de la acción de las energías reducidas para cada plano inferior. En cuanto a la "caída angélica", se trata de espíritus conscientes y hasta con poderes psíquicos desarrollados, que son exiliados' a orbes inferiores, debido a su rebeldía o indisciplina espiritual en los mundos a los cuales pertenecen.

Pregunta: ***Sobre la base de las variadas concepciones en cuanto a los principios que componen al hombre, ¿cuál sería la definición "psicofísica" más próxima a la realidad?***

Ramatís: Actualmente, aún es la concepción Yoga la que más se aproxima a la realidad esquemática del hombre. Fuera de cualquier apreciación numerológica o supersticiosa, la creación del Universo obedeció al patrón septenario, lo que se constituye en un ritmo disciplinado para el apoyo sensato y lógico del espíritu, en su manifestación en las formas.[21] El hombre de

[21] La filosofía oriental considera el septenario el número universal y absoluto, porque encierra en sí los siguientes componentes binarios, representativos del cuerpo y el espíritu; luz y sombra; vida y muerte; hombre y mujer; virtud y pecado. Ternario, emblema de la trinidad, Padre, Hijo y Espíritu Santo; Espíritu, Energía y Materia. El cuaternario, equilibrio perfecto y simbolizado por la cruz, abarca los cuatro elementos, aire, agua, fuego y tierra; y final mente, el quinto o pentagrama o estrella de cinco puntas, símbolo del dominio del espíritu sobre los cuatro elementos. En cuanto al número siete, se observa que está presente en las cosas más importantes de la tierra. Son siete los días de la creación, los días de la semana, los colores del arco iris, las notas musicales, los pecados y las virtudes teológicas, los sacramentos,

acuerdo con el Yoga, se manifiesta en siete planos, siete reinos o siete esferas, porque está compuesto de siete principios, que lo relacionan desde el mundo del Espíritu puro hasta la forma inferior de la materia.[22]

Pregunta: ¿Cuáles son los principios según el modelo Yoga?

Ramatís: La filosofía Yoga, cuyas enseñanzas milenarias jamás fueron desmentidas, enseña que el hombre está constituido por siete principios, conocidos así: Espíritu, Mente Espiritual, Mente Intelectiva y Mente Instintiva, considerando los principios superiores; el Cuerpo Vital, Cuerpo Astral y Cuerpo Físico, considerados como principios inferiores. Aun es necesario hacer una pequeña alteración en la tradicional clasificación Yoga, aunque sea la más aproximada a la realidad, pues el cuerpo astral antecede al cuerpo vital, este es el conocido "doble etérico", con sus "chakras" y compuesto de éter físico, en íntima relación con el organismo físico.[23] En consecuencia, este es el orden más cierto de los tres principios inferiores y visibles a los sentidos físicos, especie de ventana abierta para el mundo exterior de la materia; cuerpo vital o doble etérico, vehículo provisorio y mediador plástico entre el mundo oculto y la materia; finalmente, el cuerpo astral, también conocido como cuerpo fluídico, por el cual los espíritus expresan sus emociones y sentimientos.

Enseguida, predominan los cuatro principios mentales superiores, o sea, la mente instintiva, la mente intelectiva, la mente espiritual y el Espíritu, que las escuelas occidentales definen, respectivamente, como instinto o subconsciente, intelecto o consciente y super consciente.

Sin embargo, hay cierta confusión entre los estudiosos de Occidente, todo lo que abundó en la mente objetiva o conscien-

los sabios de Grecia, las maravillas del mundo, las esferas alrededor de la tierra, los grados de la escala de Jacob y las vacas proféticas de Egipto. La niñez es inocente hasta los siete años, la pubertad se verifica a los 14 años y el juicio del hombre a los 21 años. El Maestro Jesús mandó perdonar setenta veces siete.

[22] "El mundo espiritual está dividido en esferas o reinos. A esas esferas, algunos estudiantes les asignaron números que van desde el primero, que es el más bajo, hasta el séptimo o más alto. Es costumbre entre nosotros seguir este sistema de numeración". (Fragmento extraído del capítulo "Posición Geográfica", de la obra ***La Vida en los Mundos Invisibles***, de Anthony Borgia, Editorial "O Pensamento". Ver el capítulo, "Los Ingenieros Siderales y el Plano de la Creación", de la obra ***Mensajes del Astral***, de Ramatís.

[23] Ver los capítulos "Algunas Nociones Sobre el Prana"; "El Doble Etérico y sus Funciones" y "Los Chakras", de la obra ***Esclarecimientos del Más Allá*** de Ramatís.

te, lo descarga en la mente subjetiva o subconsciente: allí es donde se mezclan los residuos y automatismo inferiores, con las sublimes cualidades del espíritu, nivelando todo eso en la misma categoría. De esa forma, se agrupa en el subconsciente, lo que es grandioso y lo que es inferior, ya se trate de los productos del genio como de los del imbécil.

En el subconsciente o inconsciente o archivo de los automatismos de las experiencias de la construcción animal, también se mezclan las inspiraciones de la fuente sublime de la mente espiritual, autora de lo que es noble y constructivo, más allá de la vivencia humana. Los yoguis distinguen perfectamente las cualidades y funciones de cada uno de esos principios, aunque en cierta forma se aproximan bastante a la terminología del occidental, conocidos así: Mente Instintiva, que abarca las partes más inferiores de la Mente Subjetiva o Subconsciente; la Mente Intelectiva, conocida por Consciente o Mente Objetiva, que es responsable por el raciocinio; y finalmente, la Mente Espiritual, fuente de los deseos sublimes, pensamientos y aspiraciones nobles que, actualmente, se manifiesta en un pequeño número de seres humanos y es conocida en Occidente, como Super consciente. Es la manifestación de la Intuición Pura, pues los conocimientos del reino Divino no se obtienen por la frialdad del Intelecto calculista, basado en las relaciones con las formas limitadas del mundo ilusorio de la materia.

La Mente Espiritual conduce al crecimiento de la Conciencia Espiritual del hombre, y de a poco le despierta la sensación del Supremo Poder y de la Gloria de Dios, convenciéndolo de su comunión espiritual con la Familia Universal.

Pregunta: Definitivamente, ¿qué es la Mente Instintiva?

Ramatís: La Mente Instintiva es la sede o lugar donde la intimidad del hombre permanece en estado latente: las pasiones, emociones, sensaciones, apetitos, instintos, sentimientos, impulsos y deseos de naturaleza grosera y violenta, porque provienen de la época de su formación animal. Le corresponde al hombre disciplinar y dominar esas fuerzas vivas que heredó de la "fase animal" y que ejercen presión interior. Debe examinar sus acciones intempestivas, los impulsos latentes y someterlos al raciocinio superior, antes de accionar. Sin duda, fueron energías loables en la formación de su animalidad, pero ahora, fuera de control, pueden transformarse en fuerzas perjudiciales, cuando sobrepujan el dominio intelectual o la razón.

Además, la guerra entre los hombres es el producto del dominio de la Mente Instintiva en las colectividades. Ella exacerba las pasiones, los deseos; fueron buenos en el período de la formación animal, pero pasan a ser "ruines", cuando son puestos en acción. También es cierto que el hambre, la sed o el deseo sexual animal son ensayos justos e imprescindibles, que la Mente Instintiva transmite al ser humano, para proseguir activo en el plano físico. Mientras tanto, a pesar de ese justificativo, se angeliza más pronto el hombre frugal, abstemio y de continencia sexual, porque esas prácticas, más allá del límite fijado por las necesidades humanas, terminan por esclavizar al hombre a la vida inferior animal.

Sin embargo, las cosas del mundo instintivo no deben condenarse, porque son útiles y buenas, pero en su debido momento y lugar, significando la graduación beneficiosa en la escala espiritual, a través de las formas en los mundos materiales. El mal proviene porque se usa exageradamente o fuera del tiempo debido, es decir, porque ya se superó la fase del animal. De ahí que la malicia, brutalidad, violencia, venganza, astucia o voracidad, aunque sean cualidades necesarias para la sobrevivencia, el crecimiento y la protección de los animales bajo la dirección de la Mente Instintiva, serán un gran mal, cuando están al servicio del hombre, que posee el discernimiento superior del raciocinio. Eso es un bien justificable y necesario practicado entre los animales; pero es un mal, usado extemporáneamente por los hombres. De ahí, la curiosa identificación de algunos pecados, con ciertos tipos de animales, pues la traición es el instinto del tigre, la perfidia lo es de la cobra y el orgullo es propio del pavo real, la glotonería corresponde al cerdo, la crueldad a la hiena, el egoísmo al chacal, la libidinosidad es del mono, la furia del toro, la brutalidad del elefante y la astucia del zorro.

Considerando que la Mente Instintiva acciona fuertemente en las criaturas primarias y de poco intelecto, se comprueba en el accionar vigoroso y dominante en las agrupaciones de los aldeanos, salvajes o en las multitudes entusiastas o enfurecidas, en cuyo ulular descontrolado se percibe la actuación de un solo "espíritu grupal" o instinto, manifestándose a través de muchos cuerpos.[24]

***Pregunta:* ¿Cómo se formó la Mente Instintiva?**

***Ramatís*:** La Mente Instintiva es considerada por la enseñanza Yoga, la manifestación Cósmica más inferior, que opera en el mundo planetario, pues su primera acción se ejerce sobre el reino mineral, donde da forma a los cristales. Del reino mineral, su actividad se amplía hacia el reino vegetal, por cuyo motivo las plantas manifiestan una instintiva inteligencia, como sucede en los fenómenos del "tropismo",[25] en el proceso de fecundación, germinación y crecimiento. Además, esa inteligencia instintiva es visible en las especies vegetales carnívoras, que usan procesos y recursos hábiles, armando celadas mortales para los insectos que pretenden devorar.

Después, en sentido siempre ascendente, elabora y coordina el reino animal, donde su interferencia valiosa prepara los rudimentos del equipo carnal, que ha de servir para el hombre futuro. En su sabiduría instintiva, orienta y controla los actos humanos que pueden ejecutarse sin la atención del consciente, pues toda experiencia o conocimiento acumulado es el resultado de ese desarrollo desde el reino mineral, vegetal y animal, transformándose en el basamento, a fin de que el hombre se afirme para la conquista de los planos superiores. Cuando la Mente Instintiva termina su trabajo, comienza la acción del Intelecto o de la Mente Intelectiva, apareciendo la razón humana o el discernimiento superior, que lo diferencia del hombre animal o

---

[24] Corroborando el decir de Ramatís, verificamos la existencia de ese espíritu global instintivo que domina las colectividades, cuando las multitudes se complacían en la matanza que los católicos franceses hicieron entre los hugonotes; en la quema de los herejes, en las hogueras de la Inquisición; en la masacre llevada a cabo por los cruzados; el descuartizamiento de los cristianos en los circos de Roma; la ensangrentada guillotina en la Revolución Francesa; el linchamiento de los negros en el presente siglo y además, la cólera y agresividad de las masas en los campos de fútbol, demostrando la identificación con el dominio de la Mente Instintiva, bajo la coacción animal.

[25] Tropismo: desarrollo de un órgano u organismo en cierta dirección, Influencia o estímulo en las plantas atraídas hacia determinada orientación, como el heliotropismo, atracción por el Sol, geotropismo por la gravedad, principalmente en el tallo y en las raíces; fototropismo, excitación por la luz o hidrotropismo, por la humedad o agua.

irracional. De allí que adquiere cierta individualidad y se separa de la especie global e intenta reconocer su destino, pues se sorprende de las diferencias verificadas en sus relaciones exteriores.

En consecuencia, la Mente Instintiva, también se usa en la fase inicial de la Mente Intelectiva, porque es la base segura para el crecimiento constante de la conciencia del ser. Es un campo de las fuerzas creadoras de naturaleza inferior, y se siente perturbado, cuando interfiere en la escala superior intelectiva. Es una fase intermedia y peligrosa, en la cual el hombre despierta el raciocinio, pudiendo distinguir las realizaciones nobles y superiores, pero aún practica actos propios del contenido hereditario de la Mente Instintiva. Entonces, oscila en su dirección intelectiva, entre la fuerza de los impulsos atávicos de la animalidad y la invitación del "ángel" por intermedio de la voz silenciosa de la Mente Espiritual.[26]

Pregunta: ¿Cómo se procesa la actuación u orientación de la Mente Instintiva en la estructuración de las especies inferiores?

Ramatís: A medida que los animales progresan en su escala evolutiva, también necesitan hacer ciertas cosas indispensables y necesarias para su sobrevivencia en el escenario del mundo físico. La Mente Instintiva o inteligencia subconsciente, acciona en el animal y lo orienta en las experiencias en los planos inferiores, permitiéndole hacer cosas que le garantizan la protección, la vida y el progreso ordenado, sin necesidad de poner en acción el raciocinio.

De ese modo, tanto el animal salvaje como el pájaro, a pesar de nacer en ambientes inapropiados y hostiles, sobreviven y se arman de poderes que los incentivan y adiestran en la lucha y la defensa, al tiempo que desarrollan la prudencia y la astucia. Es también la Mente Instintiva la que propicia en los animales, insectos y aves el admirable recurso de "mimetismo", verdadero camuflaje para protegerlos, volviéndolos semejantes

[26] Expresa la sentencia hindú: "Difícil es andar sobre el agudo filo de la navaja; dicen los sabios, que es arduo el camino de la Salvación". Para el lector estudioso, recomendamos la obra ***Al Filo de la Navaja*** de W. Somerst Maugham, novela que expone en forma comprensible las innumerables enseñanzas y admirables actitudes del discípulo oriental. Es el simbólico significado del hombre caminando sobre el peligroso filo de la navaja del intelecto, entre los impulsos traicioneros de la mente instintiva y las aspiraciones nobles de la mente espiritual.

con el medio o terreno donde actúan. Esa sabiduría instintiva, también enseña a las aves a construir sus nidos, a emigrar en vísperas de tempestades o a trasladarse de una zona a otra en la proximidad del invierno riguroso. También proporciona a todos ellos, no sólo el alimento sino las hierbas que necesitan para sus males o enfermedades.

Después que la Mente Instintiva enseña a las especies animales a hacer cosas necesarias para su sobrevivencia y progreso, esas experiencias vividas se transforman en acciones autómatas, y las archiva como "tareas modelos", para que más tarde sirvan al hombre, sin necesidad de consultar el intelecto o gastar energías en el raciocinio.

Por eso, el hombre no necesita pensar para andar, respirar, digerir o crecer, ni para otras múltiples actividades del organismo, como producir y reparar las células, las lesiones orgánicas, crear defensas contra virus, reducir el diámetro de vasos sanguíneos o formar cicatrices protectoras. Gracias a la inteligencia milenaria de la Mente Instintiva, el recién nacido ingiere leche por algunos meses; mientras tanto, crecen cabellos, ojos, sangre roja, bilis verdosa, piel rosada, dientes blancos y el hígado en un tono rojizo oscuro.

Todo eso se da naturalmente, porque a medida que el hombre supera la memoria consciente, transfiere sus conocimientos adquiridos a la Mente Instintiva, que los archiva, para usarlos en el momento oportuno.

***Pregunta:** ¿Nos podríais dar otros ejemplos?*

***Ramatís**:* Los pintores, músicos, escultores, conductores, o personas que ejercen cualquier otra profesión, aprenden a desempeñar sus funciones mediante el intelecto; pero es evidente que se cansarían intensamente si tuvieran que "pensar" o "memorizar" esas cosas cada vez que las necesitan. La Mente Instintiva se encarga de archivar las experiencias del hombre en el proceso de pintar, tocar, dirigir, escribir en la computadora o aprender cualquier otra cosa, y ese archivo lo usa cuando es necesario ponerlo en práctica.

La Mente Instintiva es la encargada de recordarle al hombre su aprendizaje anterior por la persistencia y sacrificio, librándolo de perder su precioso tiempo en repetir o consultar el intelecto a cada momento. Los orientales consideran la Mente Instintiva como una especie de depósito lleno de cosas recibidas y de varias procedencias; allí existen hechos de origen hereditario y de la ancestralidad animal; también los archivos de trabajo intelectual, experiencias emotivas, alegres y tristes, y hasta sugestiones ajenas grabadas para su uso en el futuro.

Pero, cuando la Mente Espiritual comienza a influir en el hombre, no demora en reconocer en sí, cuándo es juguete de los impulsos animales, pues luego se arrepiente de sus precipitaciones o decisiones egoístas, coléricas u hostiles. Todo eso es medio camino andado para su crecimiento espiritual, pues los instintos inferiores son como fieras que viven en nuestra intimidad espiritual. Lo que aún es legítimo para el animal, ha de ser ilícito e ilegítimo para el hombre adulto.

Jesús fue muy hábil aconsejando el "orad y vigilad", cuyo concepto advierte, en esencia: "Aclarad vuestra conciencia y vigilad los instintos inferiores de vuestra herencia animal. No despreciéis las cosas de la Mente Instintiva, porque ella os sirvió y aún os sirve continuamente para vuestro bien. Así como el hombre consiguió dominar al león, al elefante, al lobo y al caballo salvaje, y después los aprovechó en beneficio de su existencia, él también necesita transformar las fuerzas violentas y agresivas del bagaje desarrollado por la Mente Instintiva, en energías dóciles y beneficiosas, a disposición del raciocinio superior".

El instinto de violencia, por ejemplo, puede graduarse en forma de una energía que después deviene en expresión artística o ideal digno; el orgullo bien disciplinado estimula el heroísmo; la vanidad controlada promueve el buen gusto por la higiene y el pundonor personal; la avaricia esclarecida puede fomentar el principio de seguridad económica para el futuro, y la astucia, al servicio del intelecto, puede transformarse en elevado instinto de precaución.

Pregunta: ¿Qué nos podéis decir sobre la Mente Intelectiva?

Ramatís: El intelecto es el principio mental que distingue al hombre del bruto, pues marca un gran avance en la senda de la realización del espíritu, puesto en la corriente de la materia. Antes de "ser", apenas es emoción, deseo o pasión, pero, con el advenimiento del Intelecto, goza de voluntad y raciocinio y siente en sí, la manifestación de la condición humana. Es el amanecer o despertar de la conciencia del "yo", porque el hombre puede compararse con otros seres y cosas; clasifica, analiza, junta y separa los hechos en los cuales interviene o presencia. Comienza a juzgar los acontecimientos a su alrededor, a tener conciencia de su "yo", aunque no pueda definir esa condición.

El hombre es un ser bueno y evolucionado, pero el advenimiento del Intelecto lo ayuda a ejercer la dirección o control cada vez más enérgico sobre su instinto animal. Dominando las fuerzas instintivas de la vieja animalidad, puede disponer de energías sumisas para realizar su ascenso espiritual. Pero si debilita su razonamiento, puede llegar a ser peor que las bestias, pues raros animales abusan de sus fuerzas, algo que, sin embargo, es habitual en los hombres, especialmente respecto del placer sexual.

Además, si el Intelecto ayuda a razonar, tanto puede ejercer su poder sobre la Mente Instintiva como preparar el camino para mejorar la influencia de la Mente Espiritual, pero puesto que también abarca cierto límite, puede crear una ilusión muy peligrosa para el "ego", separándolo del Todo, que es de Dios. El intelecto humano es de razonamiento frío, como un jugador que sólo quiere ver resultados compensadores y de inmediato. Cuando el hombre se abandona al juego del intelecto puro, a su inteligencia inmediatista y operante en los límites de la forma, razona sin el calor de la intuición y crea la ilusión de separatividad...

Por eso, el Intelecto funciona exactamente entre la Mente Instintiva que intenta atraer al ser al nivel inferior de los brutos; y la Mente Espiritual, que incentiva las nociones sublimes de la vida superior de los espíritus puros.

Pregunta: ¿Nos podríais dar algunas nociones sobre la Mente Espiritual?

Ramatís: La Mente Espiritual es el porvenir, así como la Mente Instintiva es el pasado; y el intelecto, es lo que se está procesando en el presente. La Mente Espiritual es el producto de sentimientos excelsos y se derrama por la conciencia del hombre, como la luz lo hace cuando penetra en un lugar oscuro.

Las aspiraciones, meditaciones puras y sublimes proporcionan al hombre la posibilidad de alcanzar el contenido angélico de la Mente Espiritual; y el ego humano capta en su mundo asombroso, los conocimientos más sutiles a través de la Intuición pura. Sin duda, ese fenómeno no puede ser explicado por el Intelecto, que sólo ofrece impresiones, símbolos, hechos y propósitos tan provisorios como la figura del hombre carnal. Por eso, los sentimientos de fraternidad, mansedumbre, bondad, renuncia, amor y humildad, no se elaboran por el raciocinio frío, pero traen un sentido cálido de la vida superior, que se manifiesta por encima de las torpezas y belicosidad del mundo material. La Mente Espiritual, cuya acción se manifiesta a través del "chakra coronario",[27] aún es el patrimonio de muy pocos hombres, quienes se sienten impulsados por deseos, aspiraciones y sueños cada vez más elevados, creciendo continuamente bajo esa influencia sublime, para alcanzar mayor intimidad y amor con el Plano Divino.

Ella prodiga la confianza en los motivos elevados de la existencia y alimenta la Fe en lo íntimo del ser, debilitando la fuerza atractiva del dominio animal y acelerando las fuerzas del espíritu inmortal.

Pregunta: ¿No existe alguna confusión entre el accionar del Intelecto y el de la Mente Espiritual?

Ramatís: El Intelecto es frío y cortante en sus razonamientos, pues no vibra aunque sea influido fuertemente por la Mente Espiritual. Mientras tanto, a causa del continuo y progresivo accionar de la Mente Espiritual, se desarrolla en el hombre la Conciencia Espiritual que, de a poco, despierta hacia la misteriosa sensación de la realidad de la existencia del Supremo Poder Divino.

Se reconoce ese hecho, cuando el hombre comienza a desarrollar la compasión, el despertar gradual de su sentido de justicia superior y un continuo sentimiento de fraternidad. Sólo la Mente Espiritual proporciona los emprendimientos superiores y su acción sobrepuja el Intelecto, pues aviva el Amor entre los hombres y los impulsa a sembrar la ventura ajena, como una

[27] Chakra coronario, centro responsable por la sede de la conciencia del Espíritu.

condición de su propia felicidad.

La lucha entre la Conciencia Espiritual del hombre y la Mente Instintiva, que intenta esclavizarlo con su dominio inferior, es algo bastante angustioso. De esa pelea agotadora, constante y desesperante, surgió la leyenda de que el hombre es aconsejado, a su izquierda por el demonio, y a su derecha, inspirado por el ángel. En realidad, esa imagen simbólica representa a la Mente Instintiva, con su cortejo de experiencia de animalidad inferior, tentando al hombre para que repita el accionar del instinto animal, del otro lado, la Mente Espiritual, en su manifestación e invitación sublime, es el emblema del ángel inspirando para la vida superior.

Pregunta:* *¿Qué nos podéis decir respecto del hombre, que cree ser más importante de lo que es la Mente Instintiva y la Mente Espiritual?

***Ramatís*:** Sobre la contextura esencial del espíritu del hombre, está en fusión consciente con el espíritu de Dios, y poco sabe de su estado actual y evolutivo. Además, no encontramos vocablos y medios de comparación para explicar el Intelecto humano, en su tradicional limitación, cual es la concepción exacta del Infinito.

En verdad, el Espíritu sólo se siente, pero no se describe; es una especie de percepción interna, íntima y personal de cada ser, imposible de explicar a gusto, para aquel que todavía no usufructuó la misma experiencia. Ninguno podrá explicarlo por el simbolismo de las palabras transitorias del mundo material; el Intelecto jamás podrá percibirlo, porque el Espíritu existe antes del hombre y mucho antes del Intelecto.

A fin de ayudar al estudio de la Mente, la filosofía Yoga considera la conformación del espíritu del hombre —por el séptimo principio, la "Chispa Divina"— como un rayo del Sol o gota del Océano Cósmico. No obstante, tendrá aún que vencer muchos grados en su escala evolutiva, desde su fase animal hasta el estado de arcángel, para que el espíritu humano se sienta en su gloria y poder. Los que sienten esa realidad, habitan planos inaccesibles para la comprensión común, y menos podrían explicarlo, a causa de la insuficiencia del lenguaje humano.

Mientras tanto, hay momentos en la vida humana, cuando se profundiza en la realidad religiosa, que aparecen los pensamientos sublimes; esos estados suelen presentarse cuando se enternecen ante un maravilloso poema o se extasían los espíritus ante la misteriosa belleza de la deslumbrante Naturaleza; entonces es cuando el espíritu comienza a vislumbrar su origen Divino. Esa realidad, a veces, transcurre apenas en una fuga de segundos, que es el comienzo de la iluminación, el preanuncio de la Conciencia Espiritual.

Pregunta: ¿Cómo se procesa ese acontecimiento?

Ramatís: Es totalmente independiente de cualquier creencia religiosa del hombre y de sus realizaciones intelectivas; en verdad, es cuando la Mente Espiritual extiende su dominio hacia el ser, liberándolo gradualmente del aprisionamiento que lo ata a la animalidad inferior, además, es cuando se amplía su área de conexión con el Espíritu de Dios. Se diría que aumenta la tensión Divina e interna, en la criatura, cuyo impulso sobrepasa las formas del intelecto humano; sólo parecería esperar el momento apropiado, para ejercer su predominio tan sublime. Es la luz del Señor, pronta a iluminar a la criatura, ante el primer descuido de la conciencia en vigilia o de la personalidad formada en el peregrinaje de la vida animal. A través de la sublimidad del Espíritu, Dios se revela en su esencia y le da algunas vislumbres de su existencia Real.[28]

Sin duda, es un acontecimiento que varía materialmente conforme al temperamento, sabiduría y sentimiento individual, pero después que sucede, deja una sensación de seguridad, de inmaterialidad y confianza. Es el espíritu que comienza a hacer valer sus derechos divinos, a través de los rasgos de la personalidad humana, camino a la desagregación en los mundos de las formas.

Es un estado extraño e infrecuente, donde el ser se siente fuera de su condición normal, yendo hacia un plano de conciencia más elevado, enriqueciéndose con más bienes y conocimientos, no pudiendo explicarse claramente en la conciencia

[28] Aconsejamos al lector, leer el último tema de la obra *Dios en la Naturaleza*, de Camilo Flammarión, después del capítulo "Dios", donde el autor dice al comienzo: "Se trata de la descripción de una de las más hermosas y convincentes experiencias del éxtasis, del amanecer de la Conciencia Espiritual, al estilo occidental".

física, todo eso, después del pasado y maravilloso momento de desprendimiento del cuerpo carnal.

Es un ingreso súbito, una vislumbre o preanuncio del espíritu inmortal, en una especie de fugas con carácter de demostración de la Realidad Eterna. Es el "samadhi" tradicionalmente presente en la vida de los grandes iluminados de Oriente, o el "éxtasis" del conocimiento occidental.[29]

Como la naturaleza espiritual del ser no da saltos, esas vislumbres, éxtasis o iluminaciones súbitas pueden aumentar su frecuencia, a medida que se logra mayor dominio sobre la conciencia en vigilia. Es el entrenamiento sublime del Espíritu Eterno, comenzando a despojarse de su traje carnal y transitorio de la personalidad humana, hasta manifestarse con toda refulgencia y belleza sideral.

Entonces, llegará el tiempo en que esas vislumbres y éxtasis serán tan frecuentes, que se transformarán en plenitud de la Conciencia Espiritual, para toda la Eternidad. Es el fin de las reencarnaciones, de los dolores y sufrimientos.

[29] "Samadhi o Éxtasis: especie de arrebatamiento que puede provocarse de diferentes maneras. Éxtasis es una especie de suspensión de los sentidos, por la absorción de la mente en la contemplación Divina. En ese estado, el individuo no siente acción alguna sobre su cuerpo físico. Es un deslumbra miento inexplicable para el mecanismo del Intelecto".

EL PSICOANÁLISIS

***Pregunta:** Fiemos escuchado decir a médicos, psicólogos o pseudo eruditos, que los fenómenos mediúmnicos no pasan de ser emanaciones del inconsciente creado por Freud. ¿Cuál es vuestra opinión?*

Ramatís: Empecemos por hacer una pequeña digresión, para que los no entendidos comprendan los principios fundamentales del psicoanálisis.

Comencemos, explicando la personalidad humana, encarada bajo los aspectos dinámicos, cualitativos y topográficos.

Topográficamente, la estructura mental está compuesta por tres elementos: la zona de los instintos inherentes a la especie humana; el ego o la individualidad humana, la porción más superficial, siempre sujeta a las influencias del ambiente; y el superego, que actúa donde domina el ego y es el resultado del condicionamiento a las reglas y convenciones sociales.

De las luchas de esas tres estructuras nacen los conflictos; los complejos de inferioridad y otros mecanismos de defensa del ego, y la técnica terapéutica basada en las asociaciones libres, para llegar a la purificación o transferencia.

Las energías instintivas de la sexualidad actuando sobre la mente, recibe el nombre de libido.[30]

También es parte del ser, la acción externa del ego en el plano consciente, aunque las zonas más profundas son del plano inconsciente.

Si consideramos el espíritu con su periespíritu, como el inconsciente freudiano, no hay duda de que los fenómenos me-

[30] Libido: Nombre dado al instinto sexual, en el sentido amplio del instinto vital.

diúmnicos se encuadran dentro de la teoría psicoanalítica.

Es obvio, tratándose de comunicaciones de los espíritus desencarnados, que tales hechos, aunque guarden cierta semejanza con las manifestaciones aisladas por Freud, pertenezcan a otro individuo, siendo el médium, el portador o transmisor del psiquismo ajeno al comunicarse.

En consecuencia, es el espíritu comunicante el ser psicoanalizado y no el médium, simple intérprete de una voluntad ajena, a la cual adjunta los componentes de su psiquismo.

Pregunta: ¿Cuáles serían los espíritus desencarnados pasibles de una investigación freudiana?

Ramatís: Es un concepto moderno no mezclar los sistemas. El psicoanálisis es un sistema terapéutico basado en premisas anteriormente descritas. A su vez, el Espiritismo tiene por principio la existencia de una Conciencia Creadora, que se manifiesta en la creación, la ley de evolución espiritual; tiene por mecanismo la reencarnación, y es sobre todo espiritualista, mientras que la otra es materialista por excelencia.

Cometen error los espiritistas cuando quieren explicar las manifestaciones mediúmnicas por medio de la psicología profunda, a pesar de existir cierta semejanza entre el ego y superego con la tríada: espíritu, periespíritu y cuerpo material; a los cuales algunos adeptos del ocultismo juntan el doble etérico y el cuerpo astral, como campo electromagnético, unido al alma (espíritu y periespíritu) y cuerpo físico. ¡Puede haber analogías y nada más!

Pregunta: Analizando esas analogías, conforme con el psicoanálisis, cuando las causas mórbidas emergen del inconsciente y son identificadas por la conciencia, entonces el paciente ¿debería curarse?

Ramatís: Teóricamente así debería funcionar ese proceso terapéutico, sin embargo, en la práctica eso no siempre sucede; porque las causas de las enfermedades mentales son muy complejas; hay problemas de la constitución del individuo, principalmente, con su tendencia a enfermarse.

Pregunta: Si los espíritus aplicaran el mismo método de

investigación y terapéutica freudiana, a los espíritus sufrientes y enfermos que se comunican a través de los médium, ¿sería el procedimiento más fácil para liberarlos de sus perturbaciones contraídas después de la muerte corporal?

Ramatís: El problema del espíritu desencarnado es muy complejo y de difícil solución, si lo comparamos con el mismo método psicoanalítico aplicado a los encarnados. Los seres enfermos de la mente y pasibles de éxito por la terapia freudiana, son criaturas desajustadas socialmente. Después del tratamiento, más o menos largo, hay una reducción y aceptación por el paciente, a las condiciones ambientales, o bien, esas situaciones se alteran en el período de la terapia.

Extinguiendo las causas determinantes de una conducta indisciplinada, neurótica o contradictoria, la mente del enfermo pasa a funcionar libre de los impulsos indeseables. Eso mejora su contacto con el ambiente y armoniza sus relaciones con las personas, pudiendo tener una existencia prácticamente normal.

Pregunta: Perdonad, pero no conseguimos entender completamente vuestras explicaciones.

Ramatís: El enfermo encarnado, cuando soluciona su problema enfermizo, por medio de cualquier método psicoterapéutico, regresa a su actividad en la misma existencia, favorecido por las mejoras psíquicas. Se reajusta al medio donde convivía. Por su nueva disposición mental y mejor control emotivo, al comprender los motivos anteriores, también se vuelve afectivo y conciliador en la familia, amigos y extraños.

Pero, no corresponde aplicar el mismo método freudiano al espíritu desencarnado y enfermo que se manifiesta a través del médium, ni investigarle el inconsciente, extrayéndole las razones enfermizas de complejos y resentimientos culpables. En verdad, los orígenes de los defectos espirituales no deben removerse en el desencarnado, porque son el resultado de las imperfecciones, crímenes, calumnias, traiciones, rapiñas, perversidades y así se podría seguir enumerando las causas que tuvieron origen en vidas anteriores. Son deudas contraídas o errores practicados contra sí mismo y el prójimo, y en los choques, conflictos o desajustes de la infancia y juventud, que después pasarán a herirle su mente desgobernada.

Además, no se trata de causas desconocidas en su vida inconsciente o consciente, sino de acontecimientos positivos y degradantes, que incorpora a su conciencia bajo la forma de remordimientos, temores o frustraciones. En ese caso, el espíritu sufriente no revive a través del médium una condición contradictoria y forjada por causas ignoradas en su consciente; pero sí sufre los efectos de las equivocaciones o errores practicados en un momento de irreflexión. El psicoanalista podrá apenas identificarle los cuadros de su crisis, pero de la que no podrá devolverle al paciente su libertad física, fue excluido después de practicar sus delitos. Ninguno podrá liberarlo de los actos censurables y conscientemente practicados en el mundo material, pues a través de nuevas existencias tendrá que rescatar los efectos dañinos de su incuria. No es posible librarlo de la región del astral inferior, donde se aloja todo delincuente espiritual por la fuerza de su magnetismo de baja vibración.

La terapéutica freudiana, en ese caso, es un completo fracaso, pues la perturbación del espíritu no es fruto de alguna causa morbosa accionando en el inconsciente, sino que se debe a hechos condenables y admitidos por su conciencia despierta. El espíritu enfermo podrá contemporizar sus angustias y aflicciones por el tratamiento "evangélico" preceptuado por el Maestro Jesús, el médico de las almas, mientras será inocuo en la cura por el método freudiano.

***Pregunta:** Considerando los espíritus encarnados o no, como entidades inmortales que tuvieron otras vidas, ¿eso no justifica el hecho de poseer resentimientos, complejos o tendencias enfermizas que pueden ser tratadas por la terapia freudiana?*

Ramatís: Actualmente los psicoanalistas y diversos psicólogos atenuaron bastante la rigidez freudiana sobre la humanidad, pues poco tiempo atrás hubiera sido muy difícil encontrar alguna criatura en la tierra, que mentalmente no estuviera regida conforme con la terapia de Freud. El arsenal freudiano era inmenso y poseía rótulos para todas las actitudes, actividades y composturas humanas. El mundo se llenó de complejos, desde los más ridículos hasta los más excéntricos.

Había complejos de pobreza, riqueza, inferioridad, superioridad, gloria, derrota, masculinidad y femeneidad, etc., etc., atribuidos a recordaciones causadas por los conflictos en la infancia. Muchos acontecimientos, impulsos y defectos, que hace milenios perturbaban a la humanidad en la terminología teológica en base a los "pecados" tradicionales, en realidad son las luchas del hombre en su proceso evolutivo y sirvieron de alimento a numerosas obras excéntricas y dieron origen al modelo de Freud.

Hay una nueva tendencia a encarar los rótulos médicos, tratando de eliminar las viejas "fobias" habituales como la claustrofobia, cambiándola por complejo de prisión y así tantos otros términos que, definitivamente, fueron actualizados por la técnica de este momento. Además, ni el propio Jesús —el más sabio y equilibrado de los hombres— escapó de la manía freudiana. El Divino Maestro era para los freudianos un enfermo resentido y portador del "complejo mesiánico", quizás producido por alguna arrasadora frustración desde la infancia.

En consecuencia, de acuerdo con la doctrina de Freud, todo hombre tiene su propio complejo que debe ser extirpado del inconsciente por la pericia del sapientísimo psicoanalista. La causa ha de provenir, por lo menos, de algún susto por el grito intempestivo de un papagayo, o la escena en que el progenitor irritado tiró un plato por la cabeza a su esposa o tal vez, de la frustración que tuvo en la infancia, por no haber ganado la bicicleta en vísperas de Navidad.

***Pregunta**: Por ventura, ¿los médium no poseen resentimientos o complejos que deben tratarse bajo un enfoque psicoanalítico? ¿No es posible confundir mediumnidad con ciertos complejos freudianos?*

Ramatís: Fuera de las exageraciones y de las fantasías de los psicoanalistas, Freud explicó ciertas conductas determinadas por mecanismos de defensa del ego, aplicando una técnica innovadora como la de las asociaciones libres, e incluso la de interpretar los sueños. Sin duda, hay médium de "mesa" o de "terreiro" en la Umbanda, que ciertamente mejorarían su actuación mediúmnica, cuando pudieran mejorar su distinción anímica respecto de las comunicaciones de los fallecidos.

Tanto en la siembra espiritista como en los terreiros de la Umbanda, existen criaturas neuróticas, esquizofrénicas latentes, paranoicas, desequilibradas, las cuales, bajo la acción de las energías del Más Allá, confunden su enfermedad con manifestación de los espíritus.

Se sabe de un gran número de médium que revisten nuestras ideas con el ropaje de su naturaleza anímica, alterando nuestros pensamientos por su manera de sentir y pensar. Es evidente que, un buen tratamiento psicológico o psiquiátrico, tal vez, sanara la mente compleja de muchos médium, ayudándolos en su función de ser intérpretes del Más Allá.

Pregunta: ¿Podríais darnos algunos ejemplos más concretos?

Ramatís: Existen los médium anímicos, muy indisciplinados en sus emociones, entontecidos por el exceso de fantasías, motivados por las imágenes que aparecen en su mente descontrolada y que confunden la actividad mediúmnica de los hechos con las simpatías o antipatías que más los impresionaron en su existencia. Los grandes líderes, profetas, santos, escritores, artistas, gobernadores, ministros y demás personalidades, que se destacan en el escenario del mundo material, ejercen una gran impresión en los médium muy anímicos. Entonces, pasan a sustituir a sus guías espirituales con los nombres que más se destacaron a través de la historia, religión, en la sociedad o en la literatura profana. A través de las supuestas comunicaciones mediúmnicas del Más Allá, los personajes exaltados en las novelas de aventuras con fondo histórico o las figuras eminentes de la ciencia, todavía continúan manifestándose con insistencia en ciertos trabajos espirituales, caracterizándose con la misma idiosincrasia que poseían en la existencia terrenal.

Bajo esas condiciones, predominan las ideas fijas, los falsos mesianismos, auto exaltaciones, resentimientos, fobias y sublimaciones engañosas. Aunque esos médium sean víctimas de sus exaltaciones psíquicas y actúen sin mala intención, se vuelven improductivos y hasta causan perjuicio, confundiendo lo sensato con lo ridículo y lo verdadero con lo falso.

***Pregunta:** ¿Cuál es la diferencia entre el Psicoanálisis y el Espiritismo codificado por Kardec?*

Ramatís: Mientras el Psicoanálisis se limita a investigar la intimidad humana de los hechos conscientes y de los inconscientes, como los resentimientos, entendiendo que los complejos tienen su origen en las insatisfacciones contraídas en la actual existencia terrena, el Espiritismo estudia la personalidad humana con profundidad, porque analiza y aclara acontecimientos enfermizos característicos de otras vidas pasadas. De allí surge la lastimosa limitación de Freud. Investiga los hechos traumatizantes de los hombres sólo desde la cuna de cada existencia e ignora la verdadera individualidad resultante de los milenios de luchas evolutivas y pruebas.

Innumerables fenómenos patológicos, cuyo origen data de acontecimientos seculares, Freud los clasificó sencillamente en una sola existencia terrenal, o sea, en algunos minutos de manifestación en el tiempo, del espíritu milenario. Acontecimientos mórbidos fijados en la contextura inmortal del periespíritu fueron analizados como conflictos sucedidos en la infancia del paciente. En tanto Freud busca en la efímera personalidad humana carnal actual, el Espiritismo se remonta a los milenios del espíritu inmortal.

***Pregunta:** Nos parece que existe una cierta analogía entre las zonas del inconsciente de la estructura y personalidad de Freud, con el periespíritu de Kardec, por lo tanto, al buscar las causas enfermizas en el inconsciente freudiano, ¿no estaríamos investigando el pasado milenario del espíritu?*

Ramatís: No se pueden negar las semejanzas aparentes, porque el inconsciente sería el archivo muerto del consciente, pero con sustrato propio, que son las pulsiones instintivas, representadas por el deseo sexual, por los instintos de preservación de la especie y de otras fuerzas menores, todas ligadas con la vida presente. A su vez, el periespíritu es la memoria atávica del humano, del disformismo de los primeros seres en las manifestaciones mentales y físicas en el medio ambiente, llevado a la práctica por la sexualidad brutal en el hombre y por la seductora mujer (sensualidad), causantes de distintos males entre los sexos. La doctrina freudiana se fija intensamente en ese aspecto, olvidando los otros recuerdos generadores de energías, cuyas vibraciones constituyeron el espectro electromagnético del periespíritu.

Siendo así, Segismund Freud se equivocó al confundir las adquisiciones mentales emotivas del espíritu humano a través de varias encarnaciones en la tierra, con formas de acontecimientos oriundos de una sola existencia humana. Normalmente su terminología es brillante y la investigación que hace de la mente humana es sincera y obstinada —inclusive sus concepciones y deseos emanados del instinto sexual, o "instinto vital", según Jung—, pero él apenas detectó un fragmento de la vida inmortal del espíritu. Sus impresionantes teorías, para los doctos de la época, eran un soporte científico real porque desconocían la reencarnación del espíritu en vidas sucesivas. Además, Freud, como otros diversos investigadores, ignoraba que la mayoría de las perturbaciones nerviosas, mentales o emotivas tenía por base el periespíritu preexistente y sobreviviente a la muerte del cuerpo físico.

Innumerables psicosis, impulsos delictivos, conductas excéntricas, no son nada más que el producto de las recordaciones "prereencarnatorias" del espíritu, sumergido en el vórtice de las pasiones y de los instintos descontrolados en vidas anteriores. Muchos complejos de inferioridad, señalados por los entendidos en psicoanálisis, no pasan de ser proyecciones enfermizas del pasado, en vez de complicados rompecabezas de la existencia humana. Hay frustraciones seculares vibrando en la delicada contextura del periespíritu del hombre, que jamás podrán ser curadas por la terapéutica de Freud, si se insiste en los males provenientes de una sola vida carnal.

***Pregunta:** ¿Cómo juzgaríamos comparativamente la terapéutica psicoanalítica con la espiritista?*

***Ramatís**:* La terapéutica psicoanalítica sólo actúa en la mente actual, quedando en la superficie del ser, y su método pseudocientífico tiene como técnicas principales, la asociación libre de las ideas y la interpretación de los sueños. La primera práctica consiste en que el paciente, recostado en un diván, habla libremente sobre lo que le viene a la cabeza, hasta que la hora con el analista termina. Con referencia a la segunda, se sabe que los sueños son el producto de las andanzas, durante el sueño de la noche, por el espacio sideral, o recuerdos que se han asimilado mentalmente. Se sabe que los sueños son de tres niveles: el primero e inmediato, cuando existe una actividad fisiológica cerebral: el segundo es el resultado de nuestro desprendimiento durante el sueño; unas veces; llevados por la tendencia, se suele incursionar en el astral inferior, otras veces se visitan regiones felices, recibiendo instrucciones de los mentores, y finalmente, el tercero, constituye la inmersión en las recordaciones de las vivencias en vidas anteriores.

La terapéutica espiritista tiene, a su vez, fundamento en el Amor Crístico, sea adoctrinando a un espíritu obsesor o sufriente, o en el caso de donar las energías en el pase magnético o en la fluidificación del agua.

Por eso, la terapéutica espiritista es muy superior a los análisis freudianos, porque además de remontarse a las causas prerreencarnatorias, todavía ofrece el medicamento eficiente del Evangelio para la limpieza del espíritu eterno. El psicoanálisis convence al paciente acerca de que determinadas perturbaciones provienen de los conflictos y acontecimientos vividos en la infancia. El espiritismo señala los actos dañinos al espíritu en el pasado, pero le ofrece la oportunidad de reajustarse, sometiéndose al proceso kármico de las vidas sucesivas. El espíritu que es clasificado como deudor, también recibe el endoso espiritual para liquidar su débito conforme con su capacidad y entendimiento.

Pregunta: Bajo vuestra exclusiva opinión, ¿el método desarrollado por Segismund Freud trajo algún beneficio a la humanidad?

Ramatís: La Sabiduría Eterna, en su economía energética, aprovecha hasta los equívocos del hombre, para ayudar a la evolución del espíritu humano.

En la ocasión fue como una luz en medio de las tinieblas de los tratamientos psiquiátricos y sobre todo, psicológicos, en el terreno de las llamadas neurosis y sociopatías. Más tarde vino el dogmatismo creado por la tendencia del fanatismo, generando una ortodoxia psicoanalítica casi doctrinaria, sin consentir cualquier otra interpretación que pudiera perturbar la monolítica creencia. Jung, Adler y otros disidentes fueron excluidos del movimiento, y no fueron quemados en la hoguera de la Santa Inquisición del psicoanálisis como herejes, porque la legislación de entonces, no permitía ese crimen. Mientras eso sucedía en los medios freudianos, aquí en el mundo profano de la ciencia no comprometida por la intolerancia humana, iban descubriéndose de a poco, nuevos métodos de investigación, como el electroencefalograma, el uso de los rayos X y la ecografía del cerebro.

Con todo, no podemos negar que Segismund Freud fue aproximando un mejor entendimiento a la verdadera lucha espiritual del ser en la escala evolutiva, y a su vez, vislumbró innumerables problemas del espíritu aún preso en las redes de la vida inferior. Mientras tanto, no alcanzó la solución de los problemas que sólo obedecieron al desgobierno emotivo y mental del ser humano. Además y como lo hemos dicho, atribuyó exclusivamente a la infancia y juventud las patologías que se venían agravando hace siglos. Sus palabras eruditas y alentadoras exposiciones como legista de las enfermedades mentales, fueron motivo de satisfacción para muchos curiosos y exigentes esclavos de la terminología académica. Mientras tanto, no pudieron ofrecer el remedio adecuado, el cual es el fruto del amor y la comprensión espiritual.

No obstante, hoy no se ignora que la mente humana puede investigarse y cuidarse tanto como se investiga y cuida el cuerpo físico. Aunque parezca fantasía, la cirugía del cuerpo evoluciona para la cirugía del espíritu, y en el futuro, le cabrá al médico operar determinada afección mental, como se hace hoy para eliminar un quiste o apéndice.

Las excrecencias y deformaciones que se producen alrededor del alma tienen sus raíces enfermizas fijadas en el pasado, así como el cáncer emite su metástasis en las entrañas del organismo carnal.

En consecuencia, a pesar de la frialdad de las comunicaciones con el mundo espiritual en la teoría de Freud, no se debe olvidar que fue él quien dio inicio al verdadero proceso de la investigación y ayuda de la mente enferma, caracterizando las innumerables anomalías de la actividad mental del ser...

Nota del Revisor: En nuestro coloquio con Hercilio Maes, cuando estaba intuido por las entidades espirituales, quedó bien en claro que había tres tipos de enfermedades que se manifestaban a través del karma, que son las de nuestro mundo material y del espiritual. Las kármicas serían las llamadas hereditarias; las del mundo material serían las enfermedades infecto-contagiosas, tóxicas y otros disturbios resultantes de la incuria humana; y las espirituales serían las obsesiones, las perturbaciones por espíritus sufrientes y la acción de retorno en el orden astralino. En el primer caso se llega a la conclusión de que el karma no siempre se cumple totalmente, pero sí se puede modificar por el cambio moral y espiritual del deudor con la ley. Como se sabe, este tipo de karma obedece al producto de los vicios anímicos: orgullo, egoísmo, agresividad tipo animal, y su terapia podría ser la única, el "Evangelio" vivido con humildad, altruismo, modestia, tolerancia y amor. El vicio del alma impregna el periespíritu con energías degradantes, cuya carga pasa del cuerpo sutil al orgánico y, según la doctrina que modifica la acción del karma, la intervención de los medicamentos de cualquier origen, simplemente irían neutralizando esas emanaciones, pues en lo íntimo de la materia, todo se resume en energías positivas o negativas que deben compensarse. De ahí que no existen remedios fuertes o débiles, seguros o errados para cada caso orgánico.

SEXO

***Pregunta:** ¿Cuál es la forma de energía usada por el hombre, que le causa demora y que el espíritu sufre a través de los ciclos de las encarnaciones en el mundo físico?*

Ramatís: Sin duda alguna, es la energía sexual. Es el más importante recurso que la ley posee para la atracción entre los seres, cuya finalidad es perpetuar la vida en los orbes físicos. En su potencial creativo, es una fuerza catalítica de las cargas magnéticas estimulantes de la energía creadora, responsable por el crecimiento y propagación de las especies humanas, para su evolución espiritual.

***Pregunta:** ¿Por qué es tan cuestionado el sexo en el mundo, por las diversas religiones, pues le atribuyen el origen de casi todos los males, partiendo de Adán y Eva?*

Ramatís: Se trata de una fuerza indomable, que fija al hombre al instinto animal. El periespíritu humano guarda en su intimidad las cargas deletéreas de los actos, cuya vibración nociva, degradante, lo atrae a la vida primitiva. Cuando la criatura es más emocional que sensata y de poco raciocinio, se vuelve un juguete descontrolado en el vórtice de la fuerza sexual desencadenada por un erotismo incontrolable. Después de los instantes intempestivos donde se sacrifican todas las manifestaciones de la superioridad humana bajo el ardor de la sensualidad carnal, el espíritu del hombre, todavía con algún raciocinio o sensibilidad espiritual, se muestra algo deprimido e inquieto al sentirse culpable por no haberse resistido ante el dominio de la animalidad.

De ahí que exista cierta aprensión en lo íntimo del alma

humana, de un inexplicable temor por no poder triunfar sobre los impulsos del deseo animal, y continuar entregándose a las intensas vibraciones de bajo tenor.

Pregunta: Nos parece que el alma humana trae ese estigma, desde el período legendario de la pareja de Adán y Eva, ¿no es verdad?

Ramatís: Adán y Eva simbolizan el comienzo de la vida física en la tierra, cuando desobedeciendo las órdenes divinas se volvieron creadores, como queriendo igualarse a Dios, ¡de ahí el anatema sexual! El caballo salvaje del deseo carnal, de origen animal con sus instintos indomables pero creativos, cuya *razón* era dar forma al psiquismo naciente, metamorfoseando la conciencia individual. El carácter animal ancestral se desarrolla y modifica hasta la configuración hominal; el hombre comienza a liberarse de las formas animales, tomando la forma vertical y, espiritualmente, trata de alcanzar la escala evolutiva, impulsado por el magnetismo íntimo del futuro ángel.

Pregunta: ¿Podríais darnos motivos fundamentales de por qué el hombre sufre por largo tiempo la acción del sexo, y si hay otros motivos que atenúen esa fuerza poderosa, exceptuando la ambición, el orgullo o el egoísmo?

Ramatís: La energía sexual es la fuerza propulsora de la vida humana, pues como siempre venimos diciendo, es la fuente de la creatividad en sus diversos aspectos y frecuencias conforme con los planos donde acciona. Es como el fuego: controlado, calienta y crea, pero descontrolado ¡produce incendio! En consecuencia, abusando del sexo consume indebidamente esa energía creadora que, a veces, se manifiesta como ambición, orgullo y egoísmo y, usada con armonía, según las necesidades equilibra, pero jamás practicada en forma insensata.

Pregunta: Por el abuso de la energía creada por Dios, el que la consume indebidamente ¿es castigado?

Ramatís: En el Universo no existe la noción humana del tiempo. Citaremos un ejemplo: un conductor de coche, cuando abusa sobrepasando la velocidad admitida, es multado por infractor, porque puede causar perjuicio y peligro para los demás conductores en la misma ruta o simplemente porque arriesga su vida. Lógicamente que, a causa de la infracción en sí, no fue castigado, pero sí por las consecuencias de su desobediencia, imprudencia y porque sabía de antemano los resultados que provocaría. Ese conductor no podría alegar ignorancia, porque fue advertido por las autoridades de tránsito. A su vez, el infractor del sexo, por abuso, no podrá alegar ignorancia, porque viene siendo advertido, a través de los instructores, principios religiosos y filosóficos, de que el hombre siempre será infractor por el abuso del sexo y no por el uso.

Según lo expuesto, el infractor no podrá quejarse cuando deba ajustarse disciplinadamente a la técnica del correcto empleo de la energía sexual.

Pregunta: ¿Cuáles serían los peores resultados para el hombre, por el exceso de actividad sexual, en la actual graduación espiritual terrenal?

Ramatís: La energía sexual es un elemento creador en la composición física y fuente de otras manifestaciones anímicas, según el Yoga esa energía puede sublimarse o activarse por valores morales superiores que, además, vitalizan e irrigan el cerebro del hombre, proporcionándole la mayor capacidad creativa en sus tendencias estéticas en el campo de la música, pintura, escultura, poesía o literatura. Su abuso tiende a rebajarlo mental y evolutivamente al nivel del animal. He ahí por qué muchos estudiantes del Yoga aprenden a controlar y dominar la energía del fluido sexual del "chakra" Kundalíneo y lo activan mentalmente hacia el cerebro en conjugación con el "chakra" coronario. Así obtienen energía de frecuencia superior y capaz de irrigarles el sistema neurocerebral en una actividad superior.[31] Con esa práctica, dirigida por el intelecto disciplinado y dinamizado por el control espiritual, se verifica que el fluido sexual es una energía beneficiosa por su uso selectivo, pero también capaz de esclavizar al hombre por exceso en el campo de las

[31] N. del Médium: Aunque Ramatís ha esclarecido a algunos miembros de nuestro grupo de estudios, respecto de la técnica del Kriya-Yoga que proporciona el camino de esa sublimación de la energía sexual, no nos fue autorizado hacerla pública, salvo una breve mención. Ver la obra ***Autobiografía de un Yogui*** por Paramahansa Yogananda (Ed. Kier), principalmente el capítulo "La Ciencia de la Kriya Yoga", que remarca algunas nociones de esa práctica loable.

pasiones subalternas.

A medida que el espíritu evoluciona, tomando conocimiento de la vida inmortal, superior y definitiva, cuyo sentido crítico, discernimiento y responsabilidad son muy importantes, entonces pasa a moderarse en la práctica sexual, porque sus intereses le demandan mayor cuota de energía para suplir las necesidades mentales y movilizarse con el reservorio creativo del metabolismo sexual.

Pregunta: Para el alma desencarnada, ¿cuáles son los trastornos graves, si cuando vivía en la tierra dedicó su existencia exclusivamente a satisfacer abusivamente sus actividades sexuales?

Ramatís: Se debe considerar que el sexo no es solamente un simple mecanismo fisiológico de los órganos genitales, sino una fuerza creadora sexual que no tiene su sede en el cuerpo físico, pues forma parte de la organización periespiritual preexistente y sobrevive al cuerpo físico. Por supuesto, los hombres y mujeres que abusaron, sufren en el mundo espiritual los delirios y alucinaciones; en verdad, es una ¡verdadera locura! La atracción del residual sexual, propio de las actividades puramente animales, acciona de forma perjudicial en los delicados centros periespirituales, creando angustias indescriptibles y transformando el maleable cuerpo periespiritual, dándole configuraciones repulsivas y abominables. En los casos de cierta gravedad, pueden ser amparados por las instituciones de ayuda, a partir de algún bien practicado, proporcionándoles algún auxilio, pues esas almas sufren mentalmente en medio de los fluidos atormentadores, por el abuso sexual. Y, en vez de tener alucinaciones orgiásticas, sin satisfacciones de locura erótica, que les provienen desde las más íntimas fibras periespirituales; son segregadas en alojamientos o cubículos para preservación de las escenas causantes de la deformación teratológica de los centros energéticos expuestos a la ignominiosa abyección. En estas especies de celdas se produce la filtración y drenación terapéutica en forma aparente; existen crisis convulsivas y la posterior postración, hasta el estado recuperativo.

Pregunta: Habéis dicho anteriormente "que las almas pue-

den ser amparadas por instituciones de ayuda", por ventura, ¿debemos imaginar que existen otros espíritus en absoluto desequilibrio sexual o que sufren delirios extremos debidos a los efectos de la profunda indisciplina y abyección sexual?

Ramatís: Vosotros no desconocéis los cuadros infernales de la iglesia católica, donde las figuras de los diablos presentan rostros de cinismo y obscenidad, riendo placenteramente, mientras torturan a las almas incautas, las que pasan por la tierra amparadas por esa especie de satanismo protector, pero implacable, exigiendo la "venta de su alma" a fin de usufructuar satisfacciones censurables.

No obstante, esas estampas no hacen más que verificar una analogía con la realidad, de una gran multitud de almas abyectas y diabólicas que, después de la desencarnación, son esclavizadas por almas perversas y maquiavélicas, que arrebatan a los infelices viciados para incrementar sus huestes obsesivas, alimentadas por el metabolismo sexual descontrolado, en el astral inferior, en la abominable explotación de esos infelices indisciplinados sexuales en la tierra, que desencarnan sin una mínima protección espiritual. Existen falanges de un gobierno oculto, cuya tarea es seducir a las criaturas incautas, subyugadas por un incontrolable deseo de actividades sexuales, que luego se transforman en verdaderos alimentos de los seres inferiores del astral, cayendo en el peor de los sufrimientos.

De esa forma en los prostíbulos, en los centros o moteles, donde las criaturas acostumbran satisfacerse, ajenas a sus compromisos conyugales, en el ímpetu de sus pasiones animales, allí justamente, se concentran esos legendarios vampiros, pero sexuales, marcando su seducción erótica, llevando a los pobres encarnados a padecer delirios pasionales.

Es de lamentar ese intercambio vicioso entre los seres vivos y los muertos, entre esos seres sin cuerpo físico, que prolongan su nefasta condición esclavizante basada en la fuerza sexual, de puro dominio animal. De esa forma, se repiten las viejas y fantásticas escenas del Diablo y el hombre vendiendo su alma.

No obstante, la misma fuerza sexual usada con disciplina como energía creadora en cualquier nivel de vida, fundamenta la ternura, la humildad, el afecto sincero, el poder, la inteligencia, sabiduría y hasta el amor, ayudando al hombre a conseguir el supremo equilibrio que lo ajusta definitivamente a la angelitud. A través del trabajo perseverante de los milenios, el instinto sexual se manifiesta en los pueblos primitivos como posesión absoluta, transformándose de a poco en fuerza creadora en los diversos sectores de la vida humana, por medio de las criaturas conscientes de la realidad inmortal y conseguida por la constante búsqueda de la perfección y belleza.

Pregunta: ¿Podríamos llegar a entender esa sublimación de la fuerza sexual del hombre?

Ramatís: A través de la sucesión interminable de los milenios, el orgasmo del bruto se sublimó en el éxtasis del santo, comprobando que el sexo es más fuerza creadora y de inspiración superior, y actúa según el sentido que se le da racionalmente, suplantando la primaria aparición del sexo físico.

Pregunta: ¿El hombre debería evitar el abuso del sexo, de cualquier forma, a fin de lograr a la brevedad la liberación de la materia?

Ramatís: Es necesario esclarecer, primero, que no es la castidad la única condición para la evolución espiritual, sino que ella es consecuencia de una estructura anterior y perseverante, cuya acción es la evolución de los sentimientos y del intelecto, en una convivencia cada vez más digna y dentro de una ética mayor, pero sólo es válida, cuando se trate de una condición espontánea y loable; también puede ser el fruto del fanatismo que existe en el hombre cruel. En consecuencia, el hombre que no es casto, pero sí bueno, se eleva más pronto al cielo, que el hombre cruel y casto. Huir de los vicios o de las acciones juzgadas abominables, no despierta cualidades; pueden pasar algunos siglos antes de que se despierten. El hombre no se gradúa para la vida superior, por simples estadísticas de su mayor o menor desgaste sexual; sino que es el fruto de las vivencias, aprovechando los estados de espíritu, el que lo aleja de la materia y en consecuencia, del yugo animal.

Pregunta: ¿No encontráis algo censurable o aun deprimente, el comportamiento sexual del hombre?

Ramatís: Sería absurdo que el hombre intente realizar programas de angelitud, sin antes pasar por las etapas de liberación y sentir los inconvenientes de llegar a ser santo. Jesús, el Maestro Amado, hizo su trayectoria santificante a través de todas las experiencias deprimentes, para alcanzar la consagración superior, demostrando que el alma humana alcanza sensatamente la sublimación divina por la saturación de los deseos mundanos, antes que por huir de ellos.

Ninguna persona sensata exigiría del negro africano e inculto, reacciones civilizadas de un estudioso en derecho. Tendría que cursar las escuelas de aprendizaje, desde el alfabeto hasta llegar al conocimiento de una vida superior espiritual. ¿Cómo se le podría exigir al labrador ignorante y de costumbres rústicas, sin sentido de lo ridículo o noción de la civilidad, que se comporte refinadamente, como el hidalgo heredero de avanzado linaje educativo? Nada existe de humillación en la conducta del troglodita, en sus actividades semihumanas, su comportamiento animal e inconsciente de la realidad espiritual; pero bajo el prisma de la razón desarrollada, se debe censurar, cuando la criatura practica actos inferiores y posee conocimientos superiores.

La propia Naturaleza ampara desde la cicuta letal a la hierba medicinal, al gusano de feo aspecto introducido en el lodo de la tierra y al colibrí de diversos colores volando sobre las flores, así como tiene cuidado y cariño tanto por la hiena cazadora que posee el instinto depredador, como por la inofensiva oveja. Ante este razonamiento, sería absurdo exigir al terrícola, criatura todavía primaria que deletrea mal el abecé espiritual, un comportamiento sexual rígido y dentro de los patrones avanzados de la espiritualidad, cuando aún se siente dominado por la fuerza poderosa y creadora de la naturaleza en sus manifestaciones. El mayor porcentaje de los habitantes de la tierra aún no pasa de ser viejos trogloditas, salvajes hotentotes ensayando a través de sucesivas encarnaciones un comportamiento que los lleve a incorporar un cierto nivel humano. De ahí los motivos de las guerras, conflictos, celos, venganzas, lujurias, glotonerías, agresividades, avaricias, y las tontas vanidades de poseer objetos, arreglos y pendientes que representan el atavismo de los primitivos adornos de piedras, huesos en los labios y orejas de animales muy estimados por los caciques de sus tribus.

Pregunta: Entonces, ¿por qué todas las religiones y aun las doctrinas espiritualistas anatematizan como pecadores a aquellos que inevitablemente, según ellos, van al infierno? ¿Será la tierra un mundo tan desajustado que sólo vive una humanidad condenada irremediablemente?

Ramatís: Bajo el manto religioso se ocultan los hombres iguales o peores de los que son condenados desde los pulpitos, tribunas y sesiones doctrinarias. En verdad, el hombre todavía cree ser el Dios Creador del Universo, pero verificó que cometía tantos errores en su empresa creativa, que resolvió corregirlos lo más rápido posible, así como lo hace el autor de una obra literaria o científica, cuando verifica la serie de equívocos tipográficos, e incluso trata de destacarlos en una "fe de erratas", después del epílogo de la obra.

De ahí los esfuerzos heroicos de muchos religiosos espiritualistas y filántropos, que se agotan en un trabajo caritativo de corregir los errores, supuestamente, por considerarse representantes legítimos ante Dios. Aun los reencarnacionistas, entendidos en la mecánica de la evolución espiritual de los renacimientos en la tierra, quieren deshacer los equívocos de la supuesta "salvación" de los infelices que nacen desprotegidos, deformados o estigmatizados en el mundo, porque ese aspecto no les parece que "sea la cosecha propicia, tocante a recoger los frutos de una siembra ruin y que luego es arrojada en cualquier lugar", sino que eso, siempre sucede por alguna negligencia divina.

A partir de que la criatura pretende "ganar el cielo" por la actuación competitiva y deliberada para mejorar la sociedad, ven en ese procedimiento, la posibilidad breve de combatir agresivamente los pecados que antes también poseía, como el individuo temeroso de volver a caer en el vicio de fumar, que vive huyendo del humo y del olor del cigarro. De ahí la elocuencia de pastores, sacerdotes y adoctrinadores cuando predican desde lo alto de sus tribunas, contra los pecadores que afrentan y ofenden a Dios, porque aún practican cosas tan naturales conforme con su condición espiritual, como sucede con los niños celosos, que descargan su ira contra los juguetes de su predilección. Mientras tanto, íntimamente sienten que no están liberados de los impulsos instintivos, pero los "santos tapados" se defienden de esas pulsiones internas, señalando minuto tras minuto al peligroso enemigo que ronda sus almas primarias, saturadas de impulsos primitivos.

Sin duda, la tierra es una eficiente escuela de educación espiritual, como cualquier institución educacional, capaz de conducir el aprendizaje de sus alumnos. Los alumnos que la frecuentan son espíritus encarnados, buscando una conducta mejor y la sabiduría eterna, que logran comprender mal, pues sólo deletrean las primeras letras del alfabeto divino, con cierta irregularidad.

Hay pseudo santos tan preocupados por su salvación del mar de vicios, que se entretienen en hacer estadísticas de las actividades sórdidas en el mundo, atraídos por sus intimidades psíquicas de deseo y fuga hacia las cavernas de los ermitaños, porque condenan todos los placeres del mundo: el carnaval, el fútbol, los concursos de belleza, el turf, la diversión, el juego, el beso en público, el divorcio, el homosexualismo y la prostitución, confundiendo todo eso con "pecados", que muchas veces son la expresión de los hombres, todavía "pecadores" buscando un momento de alegría, camino a su futuro espiritual, pero a través de duras pruebas.

Pregunta: ¿Sería propicio que las criaturas, en vez de reconocer los equívocos de un comportamiento sexual dañino para su integridad física, fueran estimuladas para que tuviesen una conducta disciplinada?

Ramatís: Hasta los perros y gatos saben distinguir el alimento nutritivo y sano, evitando ingerir la comida nociva. En consecuencia, el espíritu del hombre posee, en sí mismo, un "sexto sentido", una facultad intuitiva que le hace distinguir claramente sus conveniencias e inconveniencias. Ninguno precisa indagar si el abuso del alcohol perjudica; basta tomar droga y al día siguiente podrá meditar sobre el malestar ocasionado por los efectos tóxicos, como cefaleas y otras perturbaciones. Cualquier criatura necesita nutrirse, y para eso, usa los tipos de alimentos de su agrado y de mayor valor nutritivo. Hasta el más primitivo de los seres humanos, no mezcla sal con azúcar, ni pone hielo en el agua hirviendo. Sabe saciar su hambre, sin excederse en la cantidad de alimento, porque si incurre en gula, pronto termina consultando al médico, para eliminar los efectos de la "imprudencia" de la glotonería. El animal, cuando quiere descansar, sabe distinguir muy bien su preferencia, entre la sombra fresca del árbol frondoso o la exposición al Sol del verano.

Es evidente que el propio hombre "sabe" y "siente", por fuerza de su graduación espiritual, cuál debe ser su comportamiento sexual, respetando el pensamiento conyugal o traicionándolo; si goza del concepto superior como criatura digna, respetuoso de las doncellas casaderas, o de ser el "conquistador de baja vibración" que siembra infelicidades y perjuicios para las jóvenes incautas, engañando a los amigos y deshonrando hogares. Mientras Nerón se hundía en orgías, rodeado de una aristocracia tan baja como él, los cristianos morían cantando Hosannas a Dios, porque escogieron al Cristo, que es Amor y Pureza.

***Pregunta:** ¿Lo manifestado no sería tomado como ana justificación del "que yerra", como si fuera inducido en el caso de su equivocado comportamiento sexual, en una especie de "preabsolución"?*

Ramatís: Perdonar o justificar al imprudente o equivocado, no es promoverlo, pues quien yerra ya es un perjudicado por el acto cometido, y sin duda, por la tendencia e insistencia en practicar los mismos actos. El espíritu del hombre evoluciona de un estado casi grupal hacia una conciencia individual. Es entonces cuando reconoce que los motivos e impulsos instintivos necesarios para su evolución en la infancia espiritual, podrían ser virtudes, y después errores, al llegar a adulto. Siendo así, es admisible que el niño robe fruta de la heladera, pero es censurable que el adulto lo haga en el árbol del vecino. La criatura puede ser mal educada: tener un comportamiento impropio en la mesa, ponerle cara fea a los visitantes, hacer sus necesidades fisiológicas en público (orinar), fumar fingidos cigarros, tirar piedras a los árboles frutales, besarse y abrazarse jugando frente a los padres, casi irrespetuosamente y hasta mostrar sus órganos sexuales, por una curiosidad propia de su edad.

En tanto todas esas formas de actuar estimulan el procedimiento mental y son virtudes en la criatura cuando se trata de adultos, son reprochables y generan pésimos resultados. El hombre es fuertemente impulsado por la curiosidad, desde la infancia simbólica de la época del sólex; su naturaleza lo lleva a experimentar, ver de cerca, sentir reacción por las cosas y los seres, lo que implica una serie de ventajas y perjuicios, cuando de esa curiosidad aparecen el vicio y la degradación o el perjuicio a terceros.

En consecuencia, no existe una "preabsolución" por el hecho de justificar el mal comportamiento sexual como efecto de la graduación espiritual primaria del terrícola, principalmente, teniendo conocimiento anticipado de los principios físicos, morales y espirituales transgredidos, por lo cual tendrá el recíproco efecto punitivo. Cualquier ciudadano impúdico sabe que es contrario a las leyes desviarse de la vida, máxime cuando gracias a su capacidad y discernimiento reconoce en la configuración de la mujer a la que pretende explotar para satisfacer su lubricidad, la imagen de su hermana, madre, futura esposa y probable hija.

No pretendemos sugerir cualquier actividad y relaciones en un pecaminoso régimen de inconsciencia; pero tampoco queremos señalar normas rigurosas, proclamando un artificialismo de virtudes, para un mundo de vivencia y aprendizaje espiritual primario, como es la tierra. Sería absurdo exigir a la criatura, en sus juegos, una disciplina rígida como la de un cuartel. Todo lo que recordamos, por nuestra parte, es el sentido de una mayor comprensión entre los hombres y un entendimiento de los valores que ayudan rápidamente a su ventura espiritual. A través de las agradables o desagradables experiencias en la vida física, el espíritu inmortal despierta y desarrolla sus virtudes humanas sobre el instinto animal, hasta llegar a las cualidades excelsas de la inteligencia, sentimiento, sabiduría, poder, cortesía, intuición y sobre todo, el amor, adquisiciones finales de todas las almas creadas por Dios.

Pregunta: ¿Cuál sería el sentido más censurable en la práctica sexual, que merecería el severo correctivo kármico?

Ramatís: Si el amor es esencia de las comunidades evangelizadas, evidentemente el odio es el accesorio más degradante porque genera siempre crueldad. En consecuencia, todos los actos y actividades humanas cuyo trasfondo sea la crueldad, exigen recursos bastante drásticos, correctivos severos y erradicación rápida; por el contrario, es más beneficioso y provechoso que se irradie el amor creador y renovador, en vez del odio y la crueldad destructiva e involutiva. Bajo el imperio de la Ley del Amor, fundamento de la creación, exige la lucha contra el odio, que es el fundamento de la destrucción.

La exteriorización del instinto sexual por el abuso, puede ser condenable y pasible de una inmediata corrección, cuando su agravante puede ser producto de crueldad, resultante del abuso o de esa actividad irresponsable. La variedad de atenuantes tolerados por la ley, para todos los actos y actividades humanas, permite a la Administración Espiritual juzgar o decidir a favor o en contra del que yerra, conforme sea su acto, menos cruel o más cruel, menos o más perjudicial para otros, porque si ya fue juzgado, la pena vendrá a su debido tiempo.

***Pregunta:** ¿Nos podéis explicar mejor ese aspecto?*

***Ramatís**:* Todo acto sexual del hombre que pretende solamente su satisfacción y al que poco le importan las consecuencias o el sufrimiento del otro, se caracteriza por la crueldad, porque es de ley aquello de: "No hagáis a los demás, lo que no deseáis para vosotros".

La responsabilidad del hombre es muy severa, en el caso de que cause perjuicio a una joven inexperta, para su satisfacción sexual, siendo responsable por el sufrimiento de llegar a ser una mujer marcada socialmente, madre soltera, o incluso puede conducirla a la prostitución, cayendo en una vida indisciplinada e infeliz. Mientras tanto, a pesar de no ser recomendables las ligazones con las prostitutas, a causa de las enfermedades sexualmente transmisibles, pues en el mundo astral puede darse una ligazón nada agradable como entidades gozadoras que buscan el placer sexual a través de los cuerpos encarnados, existe menos gravedad en ese sentido, porque no se verifican otros daños a la mujer, debido a la condición semiprotegida por el orden social actual.

Aunque os parezca censurable o paradójico, hay hombres generosos que concurren contributivamente para la sobrevivencia de las mujeres mundanas, remunerándolas mejor, en el inevitable mercado de la carne humana, mientras que otros, egoístas y crueles, explotan o engañan por complejos del pasado o por la cobardía de saber que esas infelices hermanas, no teniendo medios para defenderse o sobrevivir sin ese mercado, cada vez se prostituyen más.

***Pregunta:** ¿Hay mérito para los hombres o mujeres que se retiran a la vida religiosa en los conventos, buscando el recogimiento espiritual y la abstinencia sexual, como formas redentoras espirituales?*

Ramatís: No hay mérito para la criatura que huye deliberadamente de la práctica sexual, así como para el hombre aparentemente virtuoso, que evita pasar frente a un bar o lugares de vida alegre. El sexo no fue creado para ser condenado como un considerable pecado, como no se creó el alcohol para ocasionar la embriaguez, sino para servir al hombre como energía beneficiosa, que mueve motores o como valioso antiséptico en los hospitales. La sexualidad está destinada al objetivo más importante de la vida: procrear. No es crimen ni pecado la práctica sexual, pero sí las anomalías generadas por la indisciplina y el abuso, cuyos efectos recaen en el propio indisciplinado. Ninguna aberración o defecto en el mundo ofende a Dios, porque está por encima del buen o mal efecto de cualquier criatura, una vez que la ley es clara y simple: en cualquier pecado, el que lo sufre es el pecador.

Así como puede existir en el alma un impulso, una inspiración o un plano de "redención kármica", al recogerse en un convento, como es el caso de Francisco de Asís, o de Teresita de Jesús, están los que lo hacen por temor a cometer pecado, porque aún sienten en el periespíritu los impulsos sexuales indisciplinados. Cuando el enclaustramiento no se da por un sentimiento de absoluta renuncia, todo el que huye de la vida profana es un pusilánime, tratando de salvarse en su barco corporal que naufraga, y además, es un egoísta que sólo cuida de su salvación. Si los conventos, las iglesias y los demás tipos de manifestaciones religiosas de todos los pueblos donde se exige el celibato, fueran un acopio de almas puras e iniciadas, el mundo terrenal sería un paraíso.

Mientras tanto, la historia religiosa revela crueldades, venganzas, martirios, cruzadas, inquisiciones, emparedamientos y enterramientos vivos, practicados por los cleros de todas las sectas. Bien hubiera sido si todos hubieran cometido menos crímenes, pues lo único que consiguieron fue herir la Ley del Amor para alcanzar la Vida Inmortal.

Además, muchos, cansados de la especulación humana, y al mismo tiempo deseando reunir lo útil y agradable, se recogen en la vida monástica y célibe, cubriéndose a la sombra de un convento, y bajo nuestros ojos espirituales, practican el sexo en las altas horas de las noches fugándose a las ocultas casas donde se practica muy escogidamente la prostitución, o aprovechando su condición en la sociedad y no respetando a mujeres ni criaturas que están bajo su custodia pastoral.

Pregunta: ¿Hay alguna razón que justifique la vieja costumbre de Oriente, donde los sultanes poseen harenes con decenas de mujeres y algunos con centenas de hijos? ¿No es un abuso de la práctica sexual?

Ramatís: En las adyacencias del planeta Tierra, en las zonas astralinas de convergencia con la superficie física, existen más de 10 billones de espíritus desencarnados, con problemas aflictivos, ansiosos por conseguir un organismo carnal y poder apagar, o por lo menos atenuar, los recuerdos dolorosos de sus desaciertos e indisciplinas espirituales anteriores.

En consecuencia, un "organismo carnal" es la más apreciada de las dádivas que se les ofrece, como medio para transitar en el mundo físico, no sólo para reparar las faltas del pasado sino para aumentar el índice de conciencia bajo un nuevo aprendizaje terrícola. En esa espera, hay incluso almas cuyas culpas no son inquisidoras, por eso no están tan angustiadas por la expectativa de una nueva materialización terrestre; pero el mayor porcentaje es de espíritus de tal grado de desesperación, que los lleva a aceptar cualquier tipo de organismo carnal, en cualquier latitud geográfica, tanto sea en una descendencia aristocrática o marginal, rica o pobre, sana o enferma, culta o no. No les importan las convenciones del mundo, sea la condición de hijo legítimo o espúreo, de una progenitura venerable o meretriz, de una familia amiga o kármicamente adversa. La solución de su problema aflictivo es reencarnarse, de cualquier modo y forma, y poder ocultar bajo el manto del olvido, el estado de su conciencia culpable o el remordimiento inquietante, para apagar temporalmente de la memoria periespiritual, el pasado.

Los más desesperados y descreídos se vuelven almas impiadosas y, sedientas de venganza, resuelven abortar, impidiendo al reencarnante aliviar sus dolores y calmar sus remordimientos en una organización carnal.

Infeliz de la mujer que practica el aborto innecesario, cuando se anidaba en el útero materno para renacer, un alma todavía embrutecida, feroz y capaz de todas las perversidades, movilizada por una venganza deliberada y aplastante. Le sería muy difícil al escritor melodramático describir los acontecimientos puestos en movimiento en el mundo oculto, contra la desdichada abortadora. El resto de su existencia física será un calvario de dolores cuando le falte la asistencia espiritual superior, y una vez desligada de su cuerpo físico irá desamparada al encuentro del verdugo impiadoso y satánico, que estará feliz de castigar cruelmente a su víctima.

A partir de esa necesidad de organismos carnales para atender el exceso de almas, aun con fuertes tendencias reencarnatorias, los tradicionales harenes de Oriente son cunas colectivas para los renacimientos, por cuanto los sultanes y sus descendientes, en una poligamia sin límites, procrean y procrean decenas o centenas de hijos. Aunque se verifica una fuerte sensualidad, aun en ese caso, la Ley funciona buscando el equilibrio, debido a la escasez de hijos en el régimen monogámico, para una mejor solución de las necesidades de los desencarnados en el Más Allá. En cuanto a los renacientes, poco les importa su descendencia, sino la dádiva de tener un cuerpo. Tampoco podemos olvidar las tradiciones sociales de la poligamia milenaria, entre los viejos patriarcas bíblicos.

Pregunta: ¿Queréis decir que la limitación de los hijos es un mal para la rectificación espiritual y kármica?

Ramatís: En una obra anterior de nuestra autoría, expusimos detalladamente ese problema, de modo que, apenas lo tocaremos resumidamente, siendo la procreación dirigida y controlada, no un crimen doloso sino el libre ejercicio humano. Sin duda, la "cantidad" de hijos puede ocasionar problemas en la educación, en el equilibrio financiero de la familia y otras justificaciones, inclusive la explosión demográfica en la actual sociedad. No obstante, quien conoce el problema espiritual y se siente como un miembro de la familia universal, sabe la importancia que tiene para el alma desesperada, que vive en un mundo espiritual el problema de sus imperfecciones, crímenes y débitos del pasado, esperar un cuerpo carnal donde pueda disminuir sus culpas y reiniciar un nuevo peregrinaje educativo en el mundo de las formas.

De esa manera, no nos restringimos al problema si el hombre "debe o no" limitar sus hijos u organizar su prole conforme con las posibilidades financieras y recursos educativos. Observando la historia, no es difícil para el terrícola comprobar que muchos de los maestros de la vida fueron oriundos de hogares pobres, y aunque enfrentaron inmensas dificultades para sobrevivir, cumplieron fielmente sus tareas. Basta citar a Jesús, como símbolo principal.

Por lo tanto, apenas exponemos la realidad del problema fundamental y de la responsabilidad de todos los espíritus encarnados o desencarnados, a cumplir con lo que se afirma en el siguiente "eslogan": Cuanto más cuerpos en la Tierra, más venturas en el Más Allá; cuanto menos hijos, menos oportunidades de redención espiritual de los hermanos afligidos. Y no se debe olvidar la Ley: "Haced al prójimo lo que quisierais que os hagan" o, a cada uno según sus obras, quedando aclarado que, cuantos más hijos, más cuerpos para el prójimo. Y, según la Ley; "A cada uno le será dado según sus obras", quien limita la prole, lógicamente, queda más tiempo esperando turno en la simbólica fila del Más Allá, para reencarnar.

Pregunta: Aún nos agradaría hacer una pregunta más sobre el control de la natalidad, ¿cuál es el medio digno o justificable para evitar los hijos?

Ramatís: Parecerá radical, pero indiscutiblemente, que la manera más digna de limitar el nacimiento de los hijos, aún es la continencia sexual. Porque cabe a toda criatura del mundo, aceptar o crear el fruto de su satisfacción sexual.

***Pregunta:** ¿Qué nos podéis decir de la violenta modificación de los usos y costumbres sociales, liberando completamente la conducta sexual? ¿Estaremos regresando a los estados primitivos de la evolución?*

Ramatís: Si queremos parafrasear a los profetas populares, diremos que eso es una señal de los tiempos. No prolongaremos un tema ventilado en otras obras, sobre el asunto de los "Tiempos son Llegados", "El Juicio Final" y "La Bestia del Apocalipsis". Expusimos en otros lugares, que el planeta está en acelerada metamorfosis de una educación espiritual de almas primarias, para alcanzar un secundario escolar de mediana responsabilidad, confirmando la terminología de los "Tiempos son Llegados" o el "Fin de los Tiempos", en que la humanidad terrícola está siendo sometida a riguroso examen espiritual, después de millares de años de vivencias reencarnatorias. Se gradúan los "buenos alumnos", a la derecha del Cristo, y los "malos alumnos" a su izquierda; luego estos emigran a un orbe inferior y adecuado a cada grado espiritual. Por analogía, lo Alto escogió llamarlo "Juicio Final", a semejanza de lo que se usa en la Tierra, en los exámenes escolares, donde los alumnos deben someterse a las respuestas y test de un tema sorteado, para comprobar su aprovechamiento o negligencia escolar. La Administración Sideral de la Tierra, conforme con las predicciones de los genuinos profetas bíblicos y de Jesús, hace dos milenios, advirtió a la humanidad sobre los tiempos llegados, el juicio final y en consecuencia, el tema sorteado por ese juicio, que es la "Bestia" del Apocalipsis de Juan, o sea, el dominio de la carne, eclosión del sexo y ¡el camino definitivo para santificarse o degradarse!

Diremos que la energía sexual como expresión creadora, se volvió incontrolable para toda la humanidad; por lo tanto, causa enormes perjuicios y disturbios con sus manifestaciones variadas, cabiéndole al espíritu escoger entre la luz y las tinieblas. Además, todos los procesos y actividades del mundo profano, principalmente los medios de comunicación, concurren, actualmente, para la difusión de la hipocresía sexual de los antiguos.

Ninguno podrá alegar ignorancia. Podrá escoger entre el cielo y el infierno, pues hay un clima de máxima libertad en la lascivia humana —el sexo grupal—, la terapéutica sexológica donde el erotismo se confunde con la técnica del aspecto creador. Existe todo un clima indisciplinado de satisfacción hasta la saturación de los deseos y pasiones como solución de los problemas humanos para la sociedad. Hoy, en el seno de la humanidad terrícola, el sexo es un producto de primera necesidad, y es plenamente justificado por sí mismo, derrumbando tabúes, restricciones, pudores y contenciones, que pasan a ser artificialismo o falsa moral. Los seres se buscan atraídos en la misma faja de satisfacción erótica. Abundan las obras en que la pornografía y la exposición científica se fundieron en su línea divisoria y, difícilmente, se podrán identificar los mensajes verdaderos, transformándose en "best-seller" mundiales. Escritores que ignoran la realidad espiritual de la función educativa en el orbe y la finalidad de los renacimientos carnales, consumen toneladas de tinta sobre el papel, difundiendo corrupción, como absoluta libertad de expresión oral, dando una nueva forma psicológica a las prácticas sexuales, como medio de sublimación superior. En realidad, la "Bestia ríe", porque bajo la cortina de una falsa erudición, y ante el desconocimiento científico sexual, los vasallos de la Bestia usufructúan tan sólo los frutos económicos de las constantes ediciones.

Y así, la violenta y absoluta metamorfosis de la conducta sexual en los días presentes, bajo la justificación de abolir los "tabúes", contenciones, falsa moralidad, etc., hace creer que hay una nueva moral, más sincera y sensata. Jesús previo muy bien esa hora de controversia de la humanidad y advirtió así: "El sucio quedará más sucio, y el santo más santo".

Pregunta: ¿Qué nos podéis decir sobre el "amor libre", que parece norma de vida en planetas superiores? (Ver La Vida en el Planeta Marte.)

Ramatís: No vemos razones lógicas para comprobar que la satisfacción genética sea tenida en cuenta como "afinidad" en la búsqueda masculina y femenina, como sucede con la cohesión entre las sustancias y el amor entre los hombres. La simple conjunción carnal no es prueba de afecto, sino una transitoria satisfacción que dispensa de cualquier deber y responsabilidad recíproca. En las relaciones sexuales fundamentalmente procreativas, debe existir el planeamiento de la responsabilidad mutua con referencia al futuro, porque la Tierra no es un simple escenario de diversiones o cambio de sensaciones sin motivos superiores.

El hombre terrícola aún no se encuentra satisfactoriamente al tanto de los compromisos del "amor libre", porque en el campo de los intereses humanos, tanto el hombre como la mujer actúan separadamente en lo tocante a sus intereses personales, y sería bueno un poco más de sentido afectuoso y fidelidad mutua. De allí, también podría surgir la licensiosidad y evasión, en un simple cambio sexual y de experimento erótico por la variedad y falta de nexo afectivo. Bajo cualquier condición, no es la relación sexual la que debe predominar como motivo responsable por la unión entre el hombre y la mujer, sino por encima de todo, el vínculo del amor, del afecto, de la amistad, y después, la satisfacción corriente de la acción normal de las leyes de la Naturaleza.

Pregunta: Eliminando el vínculo del matrimonio legalizado por las leyes humanas, existen casos en que se está absolutamente separado en espíritu, de modo que lo único que se busca es el placer en las relaciones sexuales. ¿Eso no es una especie de amor libre?

Ramatís: Refiriéndonos al "amor libre" como una costumbre generalizada para atender solamente el impulso genético, bajo el lazo matrimonial, malgrado se encuentren separados los espíritus y su convivencia, sea sólo para la unión corporal, aun permanecen las exigencias de los deberes mutuos y la fidelidad que, traicionadas, serían adulterio. Las leyes monogámicas en la Tierra fueron debidamente establecidas por espíritus con innumerables experimentaciones en la materia, a fin de asegurar tanto como fuera posible a los cónyuges, la mutua responsabilidad para asegurar el hogar y la familia. Es en el ambiente protector de la familia donde el respeto y la fidelidad conyugal son como los ladrillos del edificio de seguridad de la sociedad.

Cuando los cónyuges se desajustan y empiezan una aventura menos digna, eso no es "amor libre", sino algo incorrecto y una práctica censurable, porque traicionan los principios aceptados con sana conciencia a la hora de unirse en casamiento. En el caso del matrimonio, se forma como una institución con deberes recíprocos de los cónyuges, en que el amor sexual es condición primordial y procreativa, mientras que en el caso del amor libre, sólo se busca la satisfacción sexual.

Pregunta: *¿Cuál es vuestra opinión sobre la poligamia y la monogamia? ¿Cuál es la más compatible con las leyes de la Naturaleza?*

Ramatís: Es evidente que el objetivo del matrimonio legalizado en el mundo, es establecer deberes y derechos entre ambos esposos, en el sentido de que la seguridad del hogar y la constitución de las familias, sea el sustentáculo de los afectos de los hijos a los padres y de ellos a sus hijos. La unión conyugal debe tener la garantía afectiva, más allá de una pura sensualidad. De ese modo, en la poligamia predomina la sensación pura, donde se unen las partes por la emoción erótica, mientras que en la monogamia debe existir afecto real, despertado y ampliado por la convivencia de dos seres. En los casamientos monogámicos hay más compromiso y menos sensualidad, mientras que en la poligamia, prepondera la satisfacción carnal y menos la responsabilidad mutua.

Pregunta: *¿Nos podríais dar un resumen sobre este delicado asunto?*

Ramatís: Todos los resúmenes son insuficientes, por la complejidad del asunto tratado, mientras tanto, observando la Naturaleza, vemos que las uniones de los seres tienen por objetivo la perpetuación de las especies, por lo tanto es un objetivo procreativo, siendo esa la principal *razón* de la relación sexual, pero el hombre transformó las emociones, sentimientos e instinto como instrumento de su placer y desde allí, pasó a formar parte de su experiencia milenaria. Por lo tanto, debe retornar a la antigua finalidad, hasta que aprenda a expresarla y aceptarla como normal sin excesos, los cuales no se deben denominar "de animales", pues esos llamados animales, sí cumplen con fidelidad las leyes naturales.

HOMOSEXUALIDAD

***Pregunta:** La tendencia de la criatura a buscar una comunión afectiva con otra criatura del mismo sexo —conocida como homosexualidad— ¿implica una conducta culpable ante las leyes espirituales?*

Ramatís: Se considera que el "reino de Dios" también está en el hombre, y como él fue hecho a imagen de Dios, es evidente que el llamado pecado, mal, crimen o vicio, es censurable cuando se incurre en ellos después que el espíritu humano alcanzó frecuencias superiores. Los aprendices promueven y subliman el instinto animal en el hombre, y el hombre en el futuro ángel; esas enseñanzas son aplicables a todos los seres. La virtud, por lo tanto, es la práctica de aquello que beneficia al ser en los diversos grados de la escala evolutiva. El llamado "pecado" es la carga que porta la criatura que cultiva o que le fue posible usar y que siendo de índole beneficiosa, le sirve para todo momento de su evolución.

La homosexualidad, por lo tanto, en forma alguna puede ofender las leyes espirituales, porque nada de lo que se use en la actividad humana hiere a los Maestros espirituales, así como sucede con el alumno primario, que no causa resentimiento al profesor, cuando su comportamiento educativo no se corresponde con las reglas trazadas, por ser aún inmaduro. Pecados y virtudes en nada ofenden o loan al Señor, pero definen lo que es "mejor" o peor para el que busca su felicidad por los intrincados caminos de los mundos materiales, sin estabilidad angélica. La homosexualidad no es una conducta dolosa ante la moral mayor, pero sí delante de la falsa moral humana, pues al no poder definir los orígenes fundamentales de ese complejo problema, y cuáles son los motivos de la homosexualidad, lo consideran un problema más de orden moral que técnico, científico, genético o endocrino.

***Pregunta:** ¿Cuál es vuestra opinión sobre la homosexualidad, a la luz de la doctrina espiritista?*

Ramatís: Quienes contestan a esa pregunta son los propios espíritus en el tema "Sexos de los Espíritus", capítulo IV de la *Pluralidad de las Existencias*, ítem 200 a 202, que así responden:

***Pregunta:** ¿Tienen sexo los espíritus?*

Ramatís: "Como lo comprendéis vosotros, no; porque los sexos dependen del organismo. Existe entre ellos amor y simpatía, pero fundados en la semejanza de sentimientos."

***Pregunta:** El espíritu que animó el cuerpo de un hombre ¿puede, en una nueva existencia, animar el de una mujer y viceversa?*

Ramatís: "Sí; los espíritus tanto animan a los hombres como a las mujeres."

***Pregunta:** Cuando somos espíritus, ¿preferimos encarnarnos en el cuerpo de un hombre o de una mujer?*

Ramatís: "Poco importa al espíritu, porque depende de las pruebas que ha de sufrir."[32]

***Pregunta:** Realmente, ¿qué es lo que puede explicar el fenómeno de la homosexualidad?*

Ramatís: Ese asunto no se soluciona con las bases científi-

[32] Los espíritus renacen hombres o mujeres, porque carecen de sexo. Como deben progresar en todo, cada sexo, lo mismo que cada posición social, les ofrece pruebas y deberes especiales y ocasión de adquirir experiencia. El que fuese siempre hombre, no sabría más de lo que saben los hombres.
Nota del Médium: Paralelamente al asunto tratado, cuando mencionan a Ramatís, respecto de lo nocivo que es el Carnaval en Brasil, él mismo responde: "Evidentemente, no podemos justificar las consecuencias nefastas y degradantes que comúnmente resultan de los festejos de Momo, a causa de los descontroles emotivos, de las pasiones y alucinaciones alcohólicas que fluyen de la extroversión de los sentidos físicos en busca de satisfacciones carnales. Los más degradados, astutos e irresponsables tratan de extraer toda suerte de provechos, entre placeres y venturas censurables, aprovechando la situación caótica carnavalesca, por esa escoria de viciados, delincuentes y degenerados que desvirtúan las festividades carnavalescas con el vicio, la lubricidad y el mal ejemplo".

cas materialistas, sólo lo entenderéis y podréis explicarlo, dentro de los principios de la reencarnación. Es evidente que no se puede esclarecer el motivo de la homosexualidad, cuando se lo quiere explicar por medio de la opinión del mundo heterosexual, así como no se pueden explicar ciertos estados sublimes o depresivos de los humanos que no hayan vivido el mismo fenómeno.

No bastan las conclusiones simples, investigaciones psicológicas e indagaciones científicas, para explicar con éxito las causas responsables del homosexualismo. Es un problema que se evidencia cada vez más, por el aumento demográfico de la humanidad, y también, por las nuevas concepciones de la convivencia humana, como liberación de "tabúes" y la búsqueda de la autenticidad en la vida y sus propósitos.

Crecen los grupos, comunidades y hasta instituciones homosexuales, con el afán de resolver los problemas angustiosos o los motivos de las incoherencias señaladas por los que desprecian esa forma de vida, juzgadores del prójimo, que son incapaces de juzgarse a sí mismos. Millones de hombres y mujeres son portadores de esa anomalía que requiere la atención y el estudio de sus reacciones y comportamientos, no juzgándolos y censurándolos a la luz de los principios y costumbres morales de la civilización retrógrada y mistificada. Se considera la multiplicación de instituciones, casas de salud, investigación, nosocomios, clínicas psiquiátricas, psicológicas, recursos de hipnosis terapéutica a fin de solucionar los problemas de la prostitución, el alcoholismo, educación, pobreza y todo tipo de imprudencias humanas, por lo tanto, debido a las criaturas homosexuales, también es *lícito* que todos esos esfuerzos e investigaciones sean hechos en pie de igualdad con las criaturas heterosexuales.

***Pregunta**: Siguiendo con la opinión diversa sobre este asunto, también se cree que es un fenómeno anormal. ¿Cuál es vuestro punto de vista?*

Ramatís: Esa afirmación es verdadera cuando se interpreta estadísticamente, por ser mayoría las personas heterosexuales, pero interpretado bajo el prisma de las leyes de la evolución espiritual, el problema no puede solucionarse en forma general, dado que es peculiar a cada individuo en su lucha redentora y anímica. Con el transcurso del tiempo, la humanidad terrícola ha de comprender lo que es anormal y normal, observando que ese aspecto no se ajusta en forma coherente, al tratarse simplemente de gestos y conductas externas, incapaces de mostrar la intimidad de las almas. El propio cuerpo carnal, algunas veces trae trazos de anormalidad o normalidad del espíritu, por lo tanto, debe considerarse que sólo es el agente de manifestaciones configuradas por la herencia biológica, determinada por la herencia espiritual.

El problema es realmente de afinidades electivas en el campo de la espiritualidad, porque el hombre y la mujer carnal, apenas son expresiones de la misma esencia espiritual, pero diferenciadas por la mayor o menor pasividad, actividad, sentimiento y *razón*. A través de los milenios, unas veces encarnando en un organismo femenino, otras en el masculino, despierta y desarrolla perfecciones y cualidades inherentes a las necesarias expresiones sexuales. El hombre y la mujer tienen, simultáneamente expresado, algo femenino o masculino que, acentuándose, arroja características peculiares en cada encarnación, sin que eso pueda definir una separación absoluta, capaz de clasificarse como anomalías o reflejos femeninos en la entidad masculina o viceversa.

***Pregunta:** Afirman algunos estudiosos de los problemas de la homosexualidad, que se trata de consecuencias glandulares. ¿Es así?*

Ramatís: Son palpitos, y confunden el efecto con la causa, porque las alteraciones endocrinas apenas activan o reducen el metabolismo glandular, resultante de la tensión psíquica, intensa o reducida sobre las estructuras cerebrales, entre ellas el hipotálamo y el eje hipotalámico, con la acción refleja sobre la hipófisis, la cual activa las demás glándulas endocrinas.

***Pregunta:** ¿Nos podéis explicar de forma más comprensible para nosotros, las particularidades de ese asunto?*

Ramatís: Por ejemplo, el espíritu que renace una decena de encarnaciones como mujer, a fin de desarrollar sentimientos en una secuencia de vidas pasivas, cuya causa es la actividad doméstica, pero por fuerza evolutiva, necesita desarrollar el intelecto, la razón, actitudes de liderazgo y creatividad mental; siendo así, toma un organismo masculino y consecuentemente los caracteres sexuales del hombre; mientras tanto, revive del periespíritu sus reminiscencias de naturaleza femenina. Después de haber tenido varias encarnaciones femeninas, si súbitamente renace en una existencia masculina, raramente predominan en el primer ensayo biológico los valores masculinos, recién despiertos; entonces siente fuertemente los recuerdos psíquicos o acondicionamiento orgánico femenino.

En consecuencia, renace y se desarrolla en el ambiente terrenal, una entidad con todas las características sexuales masculinas pero que presenta un comportamiento femenino. Así, comienza la lucha psicofísica en la intimidad del ser, en que los antecedentes femeninos están en conflicto con las características masculinas, ocasionando los problemas de los valores afectivos que oscilan indeterminadamente entre la atracción femenina o masculina. Es el homosexual indefinido respecto de su afección, por las exigencias conservadoras y tradicionales de su comunidad, para la cual es un "hombre" anátomo-fisiológicamente, y en lo íntimo de su alma tiene sentimientos y emociones de mujer, recién ingresada en el capullo orgánico masculino.

Presenta todas las características de la biología humana del tipo masculino, pero es en el campo de su afecto y emotividad una criatura afeminada, a pesar de que los exámenes bioquímicos den características del sexo masculino.

Pregunta: ¿Debemos suponer que eso también sucede cuando se da en forma inversa?

Ramatís: En el caso de la pregunta, existe el mismo proceso ya aclarado. No obstante, el espíritu que vivió algunas decenas de encarnaciones masculinas, llevando a cabo actividades fuera del hogar, desarrollando los principios activos, el intelecto, la *razón* y la iniciativa creadora, más dirigiendo que obedeciendo e imponiéndose menos que acatando, desarrolla una individualidad algo prepotente y a veces tiránica. Obviamente, precisa modificar su psiquismo agresivo o violento, por sus constantes actividades de luchador y guerrero —donde la *razón* no permite ningún aspecto sentimental— y reconocer la necesidad de desenvolver el sentimiento. Entonces, se le aconseja tomar un cuerpo femenino, en algunas reencarnaciones reeducativas. En ese caso es muy difícil expresarse, al comienzo, con las características delicadas, tiernas y amorosas de la mujer.

La tensión periespiritual despótica, impulsiva y demasiado racional, acciona fuertemente en el nuevo cuerpo proyectado para el sexo femenino, y por repercusión extracorpórea, activa demasiado el cerebro, predisponiendo la acción de la masculinidad sobre las características delicadas y femeninas. De ahí el concepto "mujer-macho", por su voz, gestos y decisiones, que recuerdan ser más propias de un hombre.

No se puede comprobar que esas características sean provenientes de alguna alteración genética, donde una criatura acentúa la característica psicológica del sexo a la cual se sobrepone la fisiología simple de los órganos reproductores. Sexo masculino, actividad mental; sexo femenino, actividad sentimental. En cuanto a la diferencia orgánica entre el hombre y la mujer, son apenas resultantes de las irradiaciones magnéticas del periespíritu en la vida física.

En verdad, lo que importa fundamentalmente al espíritu inmortal es desarrollar la *razón*, para comprender y accionar en el mundo, y simultáneamente, el sentimiento, para sentir el ambiente y ahí efectuar realizaciones creadoras y perfectamente equilibradas, ni tanto para uno ni tanto para el otro. De ahí el porqué de que la angelología presente la figura del ángel como un ser doblemente alado, cuya ala derecha simboliza la razón y la izquierda el sentimiento, comprobando la necesidad de liberarse que tiene el espíritu humano para transitar definitivamente hacia el universo divino, en su ascenso espiritual, después de completar la evolución de la razón y el sentimiento.

Es de conocimiento espiritual que, en el desarrollo de la individualidad del espíritu eterno, el pasaje de la experiencia femenina a la masculina o viceversa, en el renacimiento en un cuerpo físico con cierta marca sexual, al comienzo predominan siempre los trazos de la feminidad o de la masculinidad, a pesar de las diferencias de la figura sexual del cuerpo.

En el constante intercambio del espíritu manifestándose,

ora por la organización carnal femenina, ora por la masculina, siempre despiertan valores nuevos y comunes a determinada experiencia humana como hombre o mujer. Además, en ese renacimiento a través del binomio hombre-mujer, más allá del desarrollo del intelecto o de la razón, conforme con el estado masculino o femenino, corrige y salda los débitos de los abusos pecaminosos de esta o de aquella condición femenina o masculina.

Insistimos en deciros: el hombre que abusa de sus facultades sexuales por exceso de lascivia y solamente para la satisfacción erótica, hasta arruinar la vida de otras personas —llegando a ocasionar desuniones conyugales, provocar discordia, aflicciones, angustias y deshonras en diversos hogares, o arrojando a las jóvenes madres solteras al lodazal de la prostitución— ha de corregirse de sus errores cometidos conscientemente, por el renacimiento físico en un cuerpo femenino y bajo la coacción doméstica o de un esposo tiránico, para rescatar e indemnizar todos los males producidos al prójimo. Igualmente, la mujer que no cultiva los valores sanos de la función digna y amorosa de esposa, podrá sufrir una nueva encarnación femenina dolorosa, o tendrá que reajustar su condición física en un cuerpo masculino.

Este proceso puede proporcionarle muchas ilusiones y fuga de los deberes conyugales, pero con una compañera de vida ligera, pérfida e irresponsable, como también lo fue el hombre en el pasado, saturando de ese modo sus deseos, en vez de sublimarlos.

Ambas posiciones —femenina y masculina— en el mundo físico proporcionan caminos válidos y simultáneamente correctivos, para garantizar el espíritu afligido por su redención y alcanzar a la mayor brevedad la frecuencia angélica, en forma independiente del sexo o estados carcelarios de la carne.

***Pregunta:** Fuera de los espiritistas o reencarnacionistas esclarecidos, es muy difícil encontrar mentalidades humanas que crean en esa característica: que el espíritu renazca como hombre o vuelva a ser mujer. Tal vez exista en eso una reacción inconsciente del hombre, al considerarse frustrado o herido en su masculinidad, por el hecho de ser mujer u objeto de sensualidad pasiva. ¿Qué os parece?*

Ramatís: —Causa cierta desconfianza o sorpresa creer en la posibilidad de que el mismo espíritu como hombre, pueda retornar a la Tierra en figura de mujer, pero el periodismo es pródigo en noticias acerca de que la intervención quirúrgica y terapéutica hormonal adecuada, transforma hombres en mujeres o viceversa.

Considerando que es más difícil al hombre transformarse en mujer, después de caracterizada su masculinidad en la existencia física, es mucho más fácil decidirse por el sexo antes de renacer.

***Pregunta:** ¿Qué nos podéis decir del estigma de la homosexualidad, cuando las opiniones se dividen en forma tajante, pues unos dicen que es una enfermedad y otros un fenómeno inmoral?*

Ramatís: Bajo la égida de la severa advertencia del Cristo, en que "no juzguéis, para no ser juzgados", a quien juzga el problema de la criatura homosexual, de modo antifraterno y aun insultante, no hay duda de que la ley, en muy poco tiempo, lo situará en la misma condición desairada, en la próxima encarnación, pues también es de ley que "a cada uno le será dado según sus obras".

Si consideramos que no existe nada de nocivo, inmoral o anormal, las tendencias homosexuales son el resultado de la técnica de la actividad del espíritu inmortal, a través de la materia educativa. Esas pruebas sitúan al ser en una franja de prueba o de nuevas experiencias, para despertarles o desarrollarles nuevas enseñanzas sobre la finalidad gloriosa y felicidad de la individualidad eterna. No se trata de una equivocación de la Creación, porque no hay errores, sino apenas de experimentos que obligan a nuevas adquisiciones para las manifestaciones de la vida material y espiritual.

El compañero atribulado o de tendencia homosexual, necesita del amparo educativo, de la instrucción espiritual correcta respecto de los acontecimientos reencarnatorios y de la fenomenología de las pruebas kármicas. Los errores y los aciertos del alma, principalmente en el campo del amor y del sexo, sean cuales fueren las líneas de fuerza en esta o en aquella dirección, son problemas que reciben el mismo análisis y solución justa por parte de la Ley, sea cual fuere la procedencia, correcta o equivocada. Son asuntos de la conciencia de los hombres, pues de acuerdo con la Justicia y Sabiduría, quien no pasó por pruebas semejantes y condena o insulta al prójimo, deberá enfrentarlas, tarde o temprano, a fin de sentir en su propia carne, no el error del prójimo sino el remordimiento de su mal juzgamiento espiritual.

***Pregunta:** ¿Qué nos decís de la homosexualidad como un acontecimiento inmoral?*

Ramatís: Primero aclaremos lo que se entiende por moral humana, que es un recurso de equilibrio, sobrevivencia pacífica y disciplina entre los ciudadanos, teniendo el equilibrio asegurado si se acatan las leyes, costumbres, preceptos sociales, la propiedad ajena, convivencia sin licenciosidades, por lo cual, de ahí se debe comprender, que la Moral Universal está fundamentada exclusivamente en el Amor...

Inmoral, por lo tanto, es todo ciudadano encarnado que falta al precepto fundamental de la vida espiritual superior: el Amor. Si la homosexualidad es inmoral, por los conceptos pasajeros de la moral humana, también son inmorales los ciudadanos que juzgan a sus hermanos, incurriendo en su culpa por falta de Amor.

***Pregunta:** ¿Tiene algún fundamento que la homosexualidad sea el fruto de una enfermedad psíquica?*

Ramatís: Considerando que el Amor es la base de la salud espiritual, y el odio, la enfermedad, toda trasgresión a la ley del amor se puede encuadrar en la terminología patológica, con más o menos gravedad en este o en aquel sector. Aunque sepamos que la enfermedad es el fruto fundamental del desequilibrio físico o psíquico, o de ambos, de cualquier forma la enfermedad siempre es consecuencia de la negligencia espiritual del hombre, con las leyes superiores en el campo de la virtud, no comprendida.

Siendo así, tanto puede señalarse como enfermedad la tendencia homosexual, como también la hipocresía, maledicencia, avaricia, envidia, lujuria y hasta la propia gula, así clasificada por la espiritualidad. En consecuencia, el problema de la homosexualidad no es tanto respecto de su clasificación legal o científica, sino de ayuda y amparo afectuoso de todos los que se juzgan sanos en su heterosexualidad.

Pregunta: Y, ¿cuándo se trata de encuadrar al homosexualismo en la categoría de perversión?

Ramatís: En el caso de que el homosexualismo sea perversión pasible de terapéutica o de penas legales, le cabe a las leyes de la naturaleza, la culpa fundamental de eso, por el hecho de no saber desarrollar las características específicas de la personalidad, dictadas por la influencia del espíritu humano, acostumbrado por un puñado de existencias exclusivamente femeninas o masculinas en la nueva encarnación, o por la acción de la fuerte sexualidad del pasado, modificando las reacciones psicológicas del espíritu renacido como mujer u hombre, contrariando las peculiaridades orgánicas.

La homosexualidad puede ser el fruto de dificultades de la técnica sideral, para conseguir el psiquismo adecuado al organismo humano, acentuando la feminidad total en una nueva encarnación masculina, o viceversa; es obvio que también puede ser la prueba kármica para quien realmente abusó de sus facultades eróticas, ocasionando perjuicios a otros en el campo de la propia sexualidad, con repercusiones sociales.

Además, en muchos casos, espíritus de liderazgo, cultos e hipersensibles, virtuosos de la música, genios de la pintura o renombrados escultores de la materia y de la vida espiritual, con el interés de concluir tareas de elevación en las agrupaciones humanas y mejorarse a sí mismos, pueden solicitar el cambio urgente de su personalidad, definida transitoriamente en la carne, asumiendo un organismo sexualmente opuesto al habitual. De ahí la influencia fuertemente femenina en la organización carnal del sexo masculino, o la fuerza dominante de masculinidad en el cuerpo femenino, en un visible desequilibrio entre lo psicológico y lo orgánico.

Si vuestro orbe terrícola, planeta de evolución primaria, se transforma lentamente en estados más avanzados, hasta alcanzar el objetivo de evolucionar hacia una valiosa escuela espiritual superior, fuera habitado exclusivamente por espíritus puros o superiores, no existirían problemas de "perversiones" o "prostituciones"; porque esos problemas no son específicos de entidades malignas, sino que son causados por la inferioridad y los defectos de la mayoría de los terrícolas.

Los "marginados" y "delincuentes" terrenales son el producto indirecto de la falta de asistencia, educación, salud, hogar, cariño y amor a la sociedad; que se juzga pura, cuando es hipócrita y mistificadora. Ante cualquier desliz, inversión sexual, crimen, pillaje, subversión, vicio o perversión, se culpa a toda la humanidad, pues cada ciudadano es responsable por determinada cuota de negligencia, egoísmo, comodidad, bienestar, placer egocéntrico, etc., etc. Para justificar toda esa demanda del ciudadano que se cree puro, recomendamos la sentencia del más amoroso de los Maestros, con su clásica frase: "Aquel que no tuviere pecado, que arroje la primera piedra".

En verdad, apareció en la Tierra una criatura absolutamente limpia de espíritu, exceptuada de cualquier tipo de desequilibrio emotivo, mental o negativo. Era armónico y sano respecto de sus emociones, justo y absolutamente amoroso en sus acciones, irradiaba bondad, perdón y amor, y sin sombra de perversión, por su conducta honesta. Pero los hombres mezquinos lo crucificaron por ser Jesús, el Cristo vivo, un látigo de la nueva moral sobre los pretenciosos defensores y participantes de la deteriorada sociedad de entonces.

Aun así, traicionado, insultado, herido y crucificado, posó su sublime mirada en la multitud acicateada por las pasiones inferiores y con voz vibrante y amorosa, exclamó: "Padre, perdónales, porque no saben lo que hacen".

Pregunta: Según vuestro parecer, ¿es pasible de censura aquel que condene a los homosexuales?

Ramatís: Bajo cualquier concepto que se juzgue, sea por disturbio endocrino, enfermedad, perversión, prostitución o vició, se trata de almas compañeras de vuestro peregrinaje terreno, mereciendo vuestra comprensión, pues aun podríais pasar por los mismos problemas o bien los tuvisteis antes. Como no hay privilegios, preferencias religiosas o injusticia de la Ley, ningún espíritu o hijo de Dios pasará del estado de animalidad al estado humano, y del hombre al ángel, sin padecer los problemas, insuficiencias, defectos, pecados y vicios de toda la humanidad. En otros trabajos hemos dicho que el mismo Jesús no evolucionó en "línea recta", sino que hizo el curso integral de la vida física, como cualquier hombre lo hizo o tendrá que hacerlo. Jesús se distingue de los hombres actuales, porque habiendo alcanzado el clímax de su evolución planetaria, sacrificado en la cruz y sepultado, resucitó por la emancipación espiritual en la figura del "Hermano Mayor", y en la actualidad, es el "Camino de la Verdad y de la Vida", pues quien no practica sus enseñanzas, desde vidas anteriores a través de los milenios de perfeccionamiento, no alcanzará el reino de los cielos.

En consecuencia, el principal problema no es la interpretación científica, patológica o moral en lo que concierne a la homosexualidad, según juicio simple o superficial, sino el de prestar ayuda, comprensión e interés por el hermano censurado socialmente. Lo mismo que desearíamos para vosotros mismos, en el caso de que os enfrentaseis con el mismo problema. Aun recomendamos al Cristo, en su advertencia: "Veis la paja en el ojo ajeno y no veis la viga en el vuestro".

En verdad, la mayoría de las criaturas homosexuales no saben lo que les sucede, y siendo así, no deben culparse por una situación cuya causa desconocen en forma consciente. De ahí la ayuda que se les debe prestar, analizando, examinando y concluyendo en forma exacta en las providencias favorables, o por lo menos, teniendo mejor comprensión y tolerancia. El homosexual, por lo común es un alma confundida, sujeta a impulsos ocultos; no tiene la percepción de las causas y motivos que lo llevan a la erotización con el mismo sexo.

Es un concepto generalizado entre personas aun sin conocimiento psicológico, que el sexo es una fuerza poderosa y actuante en el ser humano, capaz de conducirlo a las peores perversidades, delincuencia y hasta el crimen, por la satisfacción animal e inmediata. El deseo sexual le llega al hombre más culto, sabio o líder religioso o sacerdote, pues la historia es pródiga en ejemplos de mentalidades de poderosa creatividad, que se dejaron dominar por esa fuerza y se rebajaron hasta la degradación, por la avidez sexual. Mientras tanto, es doloroso notar que esas indisciplinas sexuales son más comunes y frecuentes entre las criaturas heterosexuales, es decir, las que se juzgan ser ¡normales y sanas!

Por lo tanto, ¿cómo juzgar la manifestación de esa poderosa energía, canalizada para el homosexualismo, generando contradicciones inexplicables? Por eso, la más correcta y loable actitud espiritual es "ayudar" y no juzgar las almas estigmatizadas socialmente por los desvíos sexuales.

Pregunta: ***Se considera que los homosexuales también tienen formada una opinión de los heterosexuales, por el solo hecho de que la criatura tiene el derecho de pensar libremente. ¿Cuál es vuestra opinión?***

Ramatís: Aunque hay homosexuales de mal carácter, que se pronuncian pervertidamente, justificando su práctica por su anomalía sexual, y que llegan a ser repulsivos, cínicos y ostensivamente obscenos, la mayoría son almas afectuosas y gentiles, espíritus simpatizantes de las artes, música y literatura romántica, porque disponen de una gran capacidad artística y estética. Proclives a la armonía, dotados de un fuerte amor humano, casi siempre buscan realizaciones filantrópicas y servicios de beneficio al prójimo y a la humanidad. El homosexual masculino trae la sensibilidad femenina; es gentil y afectuoso. A su vez, las mujeres, con rasgos de masculinidad, pueden —no todas— manifestar despotismo, agresividad, rigidez y agrado por los deportes más apropiados para los hombres.

Las estadísticas del mundo demuestran que el índice de criminalidad entre los homosexuales es muy reducido, quizás porque son más tolerantes y poco inclinados a la violencia física; exceptuando algunos casos, como sucede con los heterosexuales cuando entran en conflicto. El mundo de los homosexuales es algo tranquilo; su conturbación es el resultado de las frustraciones con sus relaciones humanas. El homosexual no debe ser considerado como un delincuente, un excluido social, porque ejerce un trabajo, es capaz de amar y de seguir integrándose en la comunidad. Sin duda, hay asombro, preconceptos y oprobios de parte de los heterosexuales, ante su imposibilidad de comprender la capacidad o la desventura de una persona que pueda amar a la otra de su propio sexo.

Aquellos que entienden y reconocen las minucias del mecanismo y de la motivación reencarnatoria, aceptan el afecto espiritual que trasciende las transitorias formas de la personalidad física, aunque sea poco común que una persona ame otra del mismo sexo que esto pueda provocar extrañeza y repugnancia.

Pregunta: ***Si tuvierais que emitir un concepto generalizado sobre la diferencia entre la criatura homosexual y la heterosexual, ¿cuál sería vuestra conclusión?***

Ramatís: Hemos demostrado que las diferencias de la actividad sexual son el resultado de las necesidades reencarnatorias de cada espíritu, por lo tanto, no nos cabe criticar, estigmatizar, sino simplemente tolerar, ayudar y ver en cada persona a un hermano, lo que realmente somos ante la Naturaleza.

Pregunta: ***¿Qué nos podéis decir respecto de ciertos acontecimientos provocados por celos, conflictos y hasta homicidios entre homosexuales, entre los cuales se comprobó como causa el cinismo y la perversión?***

Ramatís: Cinismo, obscenidad, conflicto, celos y crimen no son acontecimientos específicos de los homosexuales, pero sí, propios de las almas delincuentes, espíritus primarios aun imperfectos y dominados por el linaje inferior de la animalidad. Hemos dicho que las estadísticas del mundo prueban la existencia de menos delitos y crímenes entre los homosexuales, comparados con los heterosexuales, confirmando lo que citamos anteriormente.

No se puede atribuir a un puñado de criaturas delincuentes y dar versión de sus anormalidades, como si fuera el mal carácter y los escándalos provenientes de sentimientos y pasiones inferiores, sumándole a sus problemas a los homosexuales de todo el mundo, porque en definitiva, esos actos pertenecen al hombre universal.

Pregunta: ***Tratándose la homosexualidad de una perturbación "psicofísica", cuando la psique femenina se manifiesta en una organización masculina, o viceversa, pero no produce***

deterioro en su mente o desequilibrio mental ¿es evidente que el homosexual puede enriquecer los sectores culturales, artísticos, científicos del mundo, como cualquier otro heterosexual?

Ramatís: Debéis saber que no existe una línea definida, categórica que separe nítidamente el carácter homosexual del heterosexual, a no ser respecto de la erotización; y muchas criaturas convencidas de su heterosexualidad absoluta muestran reacciones, emociones y actos que los identifican con el homosexualismo. Además, existe la creencia de que en cada hombre hay un poco de feminidad, y en cada mujer un poco de masculinidad, mostrando las necesidades evolutivas del alma en el cultivo de la razón y el sentimiento.

Obviamente, el sentido artístico —poesía, pintura, música y literatura— han recibido notable contribución de parte de innumerables homosexuales, cuando pudieron exteriorizar su sensibilidad a través de las letras, de la rima, de los sueños por medio de la escritura; dando cuenta de su drama interior, generado por la oscilante personalidad, indefinida orgánicamente. Lo cierto es que las Leyes delinearon al hombre y a la mujer de tal modo, proporcionándole una gama de estados espirituales, partiendo de los asexuales, pasando por los hermafroditas, hasta la heterosexualidad, los que son útiles para el desarrollo de los sentimientos y la razón, de modo que no se debe estigmatizar sino liberar.

PROSTITUCIÓN

Pregunta: *¿Qué nos podéis decir de la prostitución respecto de la vida espiritual?*

Ramatís: Es indudable que la prostitución es el fruto de un mal comportamiento espiritual en la materia. Tampoco puede juzgarse y analizarse exclusivamente por un único parámetro, porque existen innumerables factores de orden social, financiero, económico, religioso, político y patológico, que deben examinarse a fin de juzgar el grado mayor o menor de esa condición humana, simplemente calificada como delito o pecado, respectivamente, por la sociedad y religiones.

Además, aunque se diga que es la "profesión más antigua del mundo", en la actualidad es creciente el número de seres que demuestran ser respetables y se entregan a esa práctica sexual, que se considera algo tan criticable, mercenaria o puramente placentera, contribuyendo a que desaparezca el profesionalismo de la prostitución, a causa de su generalización.

No obstante, ante las leyes espirituales, la prostitución es una condición que retarda el ascenso espiritual del ser, por vivir en demasía el instinto, sin objeto definido, pues debiera corresponderse moralmente con la elevación espiritual del hombre.

Pregunta: *Están los entendidos y estudiosos de ese problema, que determinan que la prostitución es la peor "llaga de la civilización". ¿Qué nos podéis decir?*

Ramatís: La peor llaga de la civilización nos parece la práctica de las guerras, que masacran y mutilan agrupaciones humanas formadas por viejos, mujeres, jóvenes, niños y hasta recién nacidos que acaban de entreabrir sus ojos a la vida física. Bajo tal "llaga" quedan los rastros de sangre, vísceras humanas pudriéndose en los campos floridos y en las ciudades civilizadas; mientras que los sobrevivientes gozan del derecho de poder morirse un poco más tarde de hambre, epidemias o irradiaciones atómicas. Jamás una prostituta hizo tanto mal al mundo como los puritanos religiosos que autorizaron y aprobaron la construcción de las bombas atómicas y creyeron oportuno su lanzamiento sobre Hiroshima.

Los armamentistas, cuya mercadería industrial es la destrucción de la carne humana; los monopolios que centran sus productos como la leche, el pan y los medicamentos en sus manos avaras, con lucros ilícitos y le permiten al turismo constante, la "dulce vida" y paradójicamente se prostituyen muy confortablemente a bordo de un navío preparado para el efecto psicológico y material, que despierte los instintos más pecaminosos.

***Pregunta:** Ese comercio nefasto se presenta en forma bastante desagradable, pues casi siempre está manejado por almas corruptas.Además, existe la explotación de esas pobres almas, para satisfacción lúbrica de gozadores adinerados.¿Cuál es vuestra opinión?*

Ramatís: Es evidente el negocio de los favores femeninos, tanto en la prostitución profesional como en los casos encubiertos que sustentan la pusilanimidad de la hipocresía humana, y que constan como una culpa genérica de toda la humanidad. Directa e indirectamente, pocos son los seres que no contribuyen mental, verbal y activamente a la continuidad de ese comercio, el que muchas veces es ejercido por necesidad de sobrevivir materialmente.

En consecuencia, el amor venal es el más antiguo comercio de la humanidad, juntamente con el religioso de los templos de la Mesopotámia. Aunque es un viejo tema de la historia terrícola, no se constituye en el peor crimen del mundo, y actualmente, a partir de la mayor liberación y emancipación de las mujeres, después del fragor de dos guerras mundiales, surgieron transformaciones profundas que modificaron las estructuras, las bases morales, sociales y políticas del mundo. Es un problema inquietante, pero no el peor, entre los múltiples problemas que afectan a la humanidad. Requiere análisis y examen, para obtener una razonable solución.

Hay escándalos en el seno de la vanidosa aristocracia y monarquía —remanentes de los antiguos regímenes políticos— así como la burguesía adinerada y el proletariado imitador. Entre bastidores de las más avanzadas instituciones políticas, están los irresponsables y deshonestos en el empleo del dinero público, en cualquier país.

Pregunta: La prostitución, por su forma de vida disoluta y de libertad sexual extrema, ¿no es un tipo de perversión condenable por exponerse ante el público, y hasta oficializada en algunos casos?

Ramatís: En el lenguaje humano, la palabra perversión significa "la acción o efecto de pervertir, cambiando del bien para el mal, corrupción, desmoralización y depravación de las costumbres". Entonces el ser humano puede practicar innumerables tipos de perversión, las que varían en su manifestación con mayor o menor perjuicio para otros, sea para la sociedad o para las instituciones políticas, sociales y aun religiosas.

Los tiranos del mundo practican innumerables "perversiones", sea cuando corrompen los valores políticos y doctrinarios por los cuales son responsables o se hacen responsables, destruyendo disfrazadamente con meticulosa perversidad y sadismo, a hombres, mujeres y hasta niños torturados por efecto de probables denuncias o espionaje. Son cambios del bien para el mal, corrupción de costumbres por medio del soborno y astucia, que se encuadran perfectamente en el tema "perversión".

Las cruzadas de la Edad Media fueron verdaderas prostituciones religiosas, así como la Santa Inquisición, con su hipocresía, conduciendo herejes, judíos e infieles a las hogueras bajo el patrocinio de Fernando II e Isabel, los Reyes Católicos de España; figuras prostitutas que corrompían la ternura, el amor y la santidad del Cristo, matando con falsas y previas oraciones salvadoras, a aquellos que no seguían y servían sus intereses religiosos. Esto era en la antigüedad, pero ahora otro caso mas espeluznante surgió en la segunda Guerra Mundial.

Cuando el pueblo aclamó la existencia de la bomba atómica y acompañó con su apoyo mental y verbal, en los diarios, la noticia salvadora del mundo —tras haberse aniquilado 120.000 japoneses por la acción pacificadora de la bomba atómica— se cambió bien por mal.

Nadie habla del sentido que pervirtió lo sublime de la vida, al asesinar criaturas indefensas, nacidas para la ventura humana y muchas aun no salidas del vientre materno. Hubo una prostitución colectiva, genocida, en la que la menor culpa fue la del militar encargado del bombardeo que detonó la infernal bomba.

Apenas fue el agente para abrir las compuertas de las pasiones humanas, satisfaciendo el odio reprimido e incrementado por las pasiones políticas, diseminado en todos los pseudocivilizados.

El aura abominable de la prostitución del hombre destructor y criminal hace que la prostitución humana apenas sea un reflejo. A la negociación de los seres muertos en los mataderos fratricidas de las guerras —producida por hombres depravados y prostituidos por la ambición de fortuna o de consagración política— se la caracteriza como servicio a la patria y a la humanidad.

Pregunta: Debemos concebir que la prostitución tiene auge y más difusión en las épocas de degradación humana, ¿no es verdad?

Ramatís: No sólo en las épocas de decadencia de una civilización dominante, como fueron las del Imperio Romano y Edad Media. En la era moderna, hubo prostitución cuando los reyes cultivaban el hábito de tener algunas concubinas, mientras se acentuaban las condiciones económicas generadoras de hambre y desempleo, creando angustia por la sobrevivencia humana. Y la hubo luego de las revoluciones, guerras y flagelos naturales, o por relajamiento de las costumbres, a causa de ciertas doctrinas aceptadas por el pueblo.

He ahí el porqué de que las prostitutas desempeñaran un papel importante en Atenas y Corinto, durante la edad áurea de la famosa cultura griega, donde dominaban la filosofía, el teatro, las artes en su máxima expresión. El culto a Venus, la diosa del Amor, reinaba absolutamente en la vieja Grecia, en todas sus formas y expresiones, extensivas hasta las actividades e intercambios en la vida de sus ciudades. El propio Solón, conocido como uno de los mayores filósofos y legislador griego, a falta de un médico oficial y social, prescribió para los atenienses, la medicación para los prostíbulos, como antídoto de la enfermedad propagada por el homosexualismo. Bajo tal prescripción terapéutica, Solón había constituido un lupanar estatal como antídoto al homosexualismo masculino y al lesbianismo.

***Pregunta:** Bajo la égida de las enseñanzas de Jesús, ¿cómo se debe encarar el problema de la mujer prostituta?*

***Ramatís**:* El Maestro Jesús, lleno de amor y comprensión por todos los hijos de Dios, fue claro en el juzgamiento de la prostituta, al proclamar su inolvidable sentencia, justamente a quienes eran perseguidas por adulterio: "Aquel que no tuviere pecado, que tire la primera piedra". La turba estaba enfurecida y tratando de hacer justicia por sus propias manos, mientras el Cristo cubría con su mirada mansa y angélica a la mujer adúltera y penetraba en el alma de cada uno, desentrañando en el fondo de esas almas, la existencia de su oculta prostitución. Retrocedieron atemorizados e indecisos y no reaccionaron, pues sentían a la luz del día, la culpa por la prostitución, como medio de negocios sucios, que los presentes poseían muy escondido.

Además, ningún símbolo de redención humana fue de mayor estímulo para la sublimación femenina, que el de aquella figura angustiada y desesperada de María Magdalena, tocada por la figura carismática del Cristo Jesús, liberándola del lodo nauseabundo del placer, despertándola a la luz creativa del ángel adormecido en su intimidad. Bajo la égida de elevada inspiración, María Magdalena es un eterno ejemplo para todas las mujeres de mala fama, que pueden lograr su propia redención y el ingreso en las esferas angélicas, cuando se propongan "vivir incondicionalmente", en lo íntimo de su alma, el amor puro del Cristo.

***Pregunta:** En el enjuiciamiento social orientado a un sentido ético y moral de los valores de la vida, ¿es justa o criticable esa separación entre mujer "honesta" y "mujer prostituta"?*

***Ramatís**:* Ambas fueron creadas para servir en la sublime misión de la vida física, y tanto como les fuera posible, progresar constantemente, para liberarse de las ataduras de la vida animal e inferior. No obstante, la proverbial hipocresía masculina, que ve en la mujer tan sólo un objeto de placer sexual, fácilmente envuelve a la joven ingenua, inexperta o acicateada por su indescifrable impulso erótico, para integrarse en la fila de "madres solteras".

Innumerables veces, la joven despierta y evalúa su equivocado paso, pues de ahora en más será el blanco específico de la concupiscencia masculina, mientras tendrá que soportar chocantes dificultades, cuando pretenda heroicamente amparar y criar al fruto de su supuesto pecado ó estigma social; sin posibilidad de mantenerse en el empleo, a causa del contrapeso indeseable del hijo. O bien deberá soportar la noticia sensacionalista del infanticidio de la "madre desnaturalizada" que no quiso criar el fruto de sus amores clandestinos, o cuando debe soportar el aborto en las manos peligrosas de la primera "deshacedora de ángeles", en la infeliz decisión. Además y como último recurso por la gran carga que el medio social le establece, llega al alocado suicidio, ante el estigma infamante de ser una prostituta.

Pregunta: Psicólogos y sociólogos opinan que la base fundamental de la prostitución femenina obedece a causas económicas.

Ramatís: Jamás el pretexto específico de la ignominiosa prostitución de la mujer, creada para la santificada función de "médium de la vida", es por causas económicas o condiciones financieras. Desgraciadamente, son diversos los factores que contribuyen a la prostitución: ignorancia, inexperiencia, desesperación, frustración, abandono, difícil sobrevivencia y aun tendencias eróticas, entre otras, son el producto del mayor crimen cometido por el hombre por falta de Amor.

El hombre terrícola, aún es un ser primario que aporta sus reacciones tipo troglodita a la superficie del cuerpo vestido con una rica tela importada. Continúa igualmente con sus satisfacciones instintivas, aunque resulten graves perjuicios para el prójimo. Raramente se aproxima a la mujer sin que, bajo su sonrisa maléfica, no vibre su deseo carnal y si le es posible, inicia la trama sofisticada para llegar a la posesión carnal de la infortunada víctima. Trata por todos los medios de llegar a su satisfacción sexual, creando un perjuicio irreversible para la mujer, y en el juego amoroso pierde su vulnerabilidad emotiva y sensible, cabiéndole al hombre el menor perjuicio y responsabilidad.

Se evidencia la falta de amor en el hombre por la mujer, porque es codicioso, falso en sus promesas, poco le importan los problemas de las infelices y las dificultades de la joven sacrificada a su orgía. Además, no falta el adulterio en contra de su esposa para deleitarse con las jóvenes que sacrifica.

Ese hombre debe reconocer que la mujer es, por encima de todo, el espejo de hermana, esposa, madre e hija. Cuando lo haga, transformará su conducta despreciativa respecto de los valores humanos y amorosos, al entender que ella es el vaso donde se perpetúa la especie y se ensaya el amor incondicional a Dios.

Pregunta: ¿Cómo encaran el adulterio y la prostitución los legisladores siderales?

Ramatís: Los mentores no clasifican el adulterio y la prostitución en pecadores regulares, pero sí, en la clase patológica de las enfermedades del alma. Toda alma enferma es infeliz, porque en su ignorancia espiritual busca su felicidad en los procesos primitivos y seductores que retardan la evolución liberadora.

Pregunta: ¿Cuál seria el método o la solución para que disminuya la prostitución en la mujer?

Ramatís: Fundamentalmente eso seria fácilmente resuelto por un buen esclarecimiento espiritual, porque la mujer como espíritu eterno y dotada de los mismos principios, obligaciones y sueños de felicidad del hombre, será, sin duda, más resistente para identificar las posibles maniobras de los que arrebatan la felicidad ajena, por unos segundos de embriaguez sexual, por otra parte, porque la mujer esclarecida se encuentra en el camino que le brinda la felicidad eterna.

Sin lugar a dudas, cabe a los legisladores la responsabilidad humana de establecer códigos de protección a la mujer, ante el asedio sexual, imponiendo severas penas, principalmente cuando causa dificultades a la mujer, por satisfacerse sexualmente. La mujer esclarecida sobre los motivos de la vida espiritual, creará más defensa psicofísica. El hombre pasible de punición será obligado a responder por sus actos, sin contemplación alguna por la autoridad. De esta forma, iría disminuyendo el índice de prostitución, por falta de iniciadores de esa cruel infracción al código establecido en defensa de la hermana mujer.

Respecto de los problemas de orden económico, asistencia social y otros, son obligaciones de la administración pública, debiendo encuadrarse dentro de los derechos de la ciudadanía en general.

Siendo de esta forma la mujer respetada en su fuero íntimo, entendiendo el hombre que es el amor, por encima de todo, consagrado al vínculo espiritual de un alma para otra alma, en vez de sólo atracción de un cuerpo hacia otro. El adulterio, los cónyuges "engañados" y la prostitución, que tanto estigmatiza a la hermana mujer en su función procreadora, también desaparecerán del orbe, como sucede con la erradicación de las enfermedades incurables.

***Pregunta:** El hombre que usufructúa el sexo de una joven inexperta, que después sortea los prejuicios sociales, aun así, ¿le cabe alguna rectificación kármica en una encarnación futura?*

Ramatís: Existe un viejo adagio que dice así: "El hombre puede engañarse a sí mismo, jamás engaña a Dios". Toda contravención a las leyes divinas encuadra a su infractor en la corrección necesaria y a cuenta del atraso de su ventura espiritual. El espíritu del hombre, cuando desciende para renacer en la materia, es aleccionado para realizar el compromiso asumido y si no cumple, es de su responsabilidad ante el esquema trazado por los mentores.

Cualquier acto indebido, pillaje o explotación material o incluso sexual, jamás dejará de "pagarse hasta el último centavo", conforme estipuló el Cristo a través de su sublime Evangelio.

***Pregunta:** ¿Podríais esclarecernos en forma más concreta esa determinación de la Ley del Karma, que después de pagar la deuda del espíritu infractor, aún está sometido a las mismas pruebas que causó a otros?*

Ramatís: En sencillo ejemplo, recordaos de cierto joven que abusa de su masculinidad, más o menos seductora, para dar rienda suelta a su lubricidad e ilusionar a jóvenes casaderas e inexpertas. Comúnmente, el conquistador está interesado exclusivamente en su satisfacción erótica. Después de pasar cierto tiempo usufructuando a satisfacción su instinto animal, realiza otras tantas experiencias con otras jóvenes y por último, cansado de su peregrinaje de sembrar tanto mal, decide casarse formalmente.

Ingenuamente se convence de que ha de vivir una existencia calma y desahogada, libre de cualquier aflicción, sin pensar jamás en todo el mal que sembró a conciencia.

Para que sea provechosa la corrección kármica para el espíritu infractor en el campo sexual, es posible que la rectificación se inicie de inmediato, o por motivos superiores y hasta por un orden económico en lo espiritual, se contempla la posibilidad rectificadora para la próxima encarnación.

Pregunta: En el caso del espíritu culpable, que siembra desventuras en ciertas jóvenes seducidas por sus mentiras y promesas vanas, por Ley Kármica, ¿cuándo se inicia su rescate y cómo se procesa el mismo, teniendo en cuenta que "Se debe recoger conforme a la siembra"?

Ramatís: En el caso de que la corrección espiritual fuera determinada para la actual existencia, lo Alto planeó un esquema expiatorio donde deberá recoger los frutos de su mala siembra. Al comienzo y conociendo sus intenciones de construir un hogar para el usufructo venturoso, el donjuán optimista será atraído para esposar a determinada joven, por el magnetismo de una pasión exaltada, y también candidata a las pruebas de frustración, dolores y desventuras que sembró en otras vidas.

Efectuado el casamiento, después de los placeres de la luna de miel, comienza la acción de la Ley del Karma, al determinar que sus descendientes sean los mismos de otrora, con sus faltas e irresponsabilidades espirituales. Por su acción nefasta, esos espíritus, llegados a su adultez, comienzan a recoger los efectos de la atracción de los espíritus de mal carácter y de tendencias depravadas. En vez del hogar tranquilo e imaginado aparecen ciertos escollos y surgen nuevas anormalidades y desajustes hogareños. Después de algunos años y cuando se piensa que todo ha de marchar en perfecto orden, comienzan a encanecer los cabellos, aparecen las arrugas en el rostro y se pasa del sufrimiento a la frustración, por la imposibilidad de educar y corregir a las hijas con inclinación a una vida sexual irresponsable, o de los hijos que caen en manos de autoridades policiales, por robo de vehículos, falsificación de cheques y adicción a la droga.

Pregunta: Suponiendo que la Ley Kármica decidiera someter al culpable a recoger sus frutos en una nueva encarnación, ¿qué le puede suceder?

Ramatís: En la próxima existencia y con la esposa bajo el mismo rescate, le toca recibir como hijos en su hogar, a las almas que frustró en la actual existencia, y trabajar duramente para satisfacerles las mínimas exigencias y caprichos.

Tratándose de espíritus que sienten en lo profundo de sus almas el resentimiento y la infelicidad sufrida en su vida anterior, por culpa del mismo espíritu que hoy es su padre biológico, a pesar del olvido de los hechos de la vida pasada, permanece la frialdad y la segura e íntima convicción de acreedores y deudores, impidiendo el amor filial o ayuda al progenitor.

La desobediencia, la negligencia y la frialdad de corazón en esas alma, también imperfecta, llegan a los acontecimientos tan comunes, con los padres envejecidos, enfermos y pobres, despreciados por los hijos ricos, saludables y duros de corazón.

Pregunta: Los conquistadores que pasaron su existencia abusando de los placeres sexuales, en la constante búsqueda de aventuras, donde poco les importaba los resultados de sus víctimas, aun de cualquier orden, ¿pueden también sufrir sus correcciones en un cuerpo de mujer, en la próxima encarnación?

Ramatís: Tal acontecimiento es uno de los preceptos de la Ley del Karma. El espíritu en falta, además de indemnizar a su víctima de los perjuicios causados por su lubricidad, podrá sufrir en sí mismo los efectos y dificultades de su acción. El seductor de jóvenes, habituales proveedores de carne viva para los prostíbulos, podrá renacer en un cuerpo femenino, a fin de experimentar en sí mismo, cómo es de oneroso el destino que ocasionó a otros. No es nada raro que estas almas culpables de crímenes y de seducir y llevar a la prostitución a las jóvenes incautas, terminen su existencia en la prostitución, bajo la determinación de la Ley: "A cada uno le será dado según sus obras".

Pregunta: Esa determinación de la Ley, ¿no se ajusta dentro de esa otra ley del "ojo por ojo y diente por diente"? ¿No sería un círculo vicioso eso de que el alma masculina renaciera en un cuerpo femenino fatalmente condenado a la prostitución?

Ramatís: Es evidente que la Ley no es inmoral ni vengativa, a punto de pronunciar decretos irrevocables, ¡cuya finalidad no es conducir fatalmente a alguien a la práctica criminal o inmoral! No obstante, así como el asesino no renace en el futuro bajo la implacabilidad de ser asesinado por alguien determinado, salvo que haya en el ambiente situaciones de ese tipo, por analogía el espíritu culpable de lubricidad y perversión al prójimo, irá a encarnar en un medio donde todo tiende a la prostitución. Y como abusó de la debilidad, desamparo, condición financiera precaria o de la pasión ingenua de la joven casadera, también ha de ser víctima de esas dificultades e imprudencias, las que sin lugar a duda, lo llevarán a la fatalidad de terminar en un prostíbulo.

Mientras tanto, lo que se cumple es la Ley anticipadamente expuesta y explicada por todos los instructores espirituales de la Tierra, entre los cuales Jesús fue el sintetizador, que revivió y reactivó las enseñanzas, de modo que el hombre no pudiera alegar desconocimiento. Mientras tanto, lo que interesa al plano divino es la redención del pecador y no su punición, y aun después de la caída en el vicio degradante o en el crimen, ambición o venganza, el espíritu delincuente todavía puede redimirse de sus errores. Así fue como María Magdalena alcanzó su salvación después de conocer al Maestro Amado. Existen innumerables casos de criaturas viciadas, perversas, subversivas y deshonestas que se regeneran bajo programas de salvación, amparo religioso o cuando, entre las fibras del instinto animal, empieza a asomar la luz liberadora del soplo sagrado.

Pregunta: Considerando que la lujuria es uno de los siete pecados mortales, toda mujer prostituta u hombre pervertido en la esfera del sexo, ¿ha de sufrir en la próxima encarnación las consecuencias de su imprudencia?

Ramatís: Conforme hemos explicado en otras obras y en breve ejemplo para ilustrar la pregunta; el que se suicida por ahorcamiento o por la bala que perfora el cráneo, ha de renacer de acuerdo con el delito practicado en sí mismo, como ser con problemas mentales, sordo mudo y giboso, atravesando la existencia golpeado fuertemente. Todo eso sucede, no como consecuencia de una punición por parte de la Ley sino por el efecto de los actos irregulares, violentos y contrarios a la técnica fundamental creativa, pues el espasmo último del hombre colgando de su cuello, lesiona y atrofia al tejido super-magnético del periespíritu, formando el molde defectuoso cuando deba plasmar o materializar un cuerpo nuevo en la próxima encarnación. Y, respecto del sordomudo, alcanzado por la bala suicida, lesiona las delicadas neuronas etéreas del periespíritu, relativo a la cerebración, matriz de todos los cerebros físicos usados en diversas encarnaciones terrenas, dificultando la conformación perfecta de esa zona de transmisión de la mente y de la voluntad para el organismo carnal.

Lo mismo sucede con cualquier otra anomalía practicada por el espíritu en un momento de imprudencia o visitación, en el transcurso de la existencia física, resultando efectos semejantes que se generan por causas semejantes. Ese es el motivo de por qué los toxicómanos, al entorpecer o desregularizar su cerebro por la acción de los psicofármacos, retornan a la carne en una nueva existencia con disturbios psíquicos de un aspecto crónico inmodificable, bajo diversos aspectos y de bajo nivel de conciencia.

No existen por parte del Creador, los extremos absolutos en los ciclos de las vidas. En cualquier parte del Universo y en la intimidad de los seres, la cosecha kármica es rigurosamente el fruto de un conjunto de causalidades donde la lógica que posee la Ley da soluciones sensatas.

De igual forma, los espíritus viciados o toxicómanos deben recoger en encarnaciones futuras los efectos de esa imprudencia, por lo tanto, tendrán en otra vida la enfermedad exactamente conforme con el tipo del psicotrópico utilizado, el tiempo de su uso, la fuga deliberada de las responsabilidades de la vida en común con la colectividad, la de no cumplir con la promesa antes de reencarnar, el sufrimiento de los padres y de la familia afectada por sus tropelías, delincuencia o simple escape a las clases de orden físico y espiritual.

Pregunta: ¿Podéis extender un poco más ese interesante asunto?

Ramatís: Los estados de espíritu clasificados por los diez mandamientos, son los que más agravan la situación reencarnatoria de las almas imprudentes y víctimas de los descontroles mentales y emotivos, llevándolos a las peores consecuencias y sufrimientos futuros. En los casos que venimos tratando, las seducciones y los placeres impúdicos en la esfera sexual, son acontecimientos encuadrados entre los perjuicios a otros y a sí mismo. El individuo extremadamente sexual e impúdico vive sembrando mentiras, decepciones, angustias y destinos tristes en su propósito de satisfacer su instinto animal. Siendo así, impregna la delicada contextura de su periespíritu y aunque vibra en un nivel humano, tendiendo a la liberación lenta de esa acción imantadora y gravitacional de la materia, no obstante, con las fuerzas primarias y densas de una pasión primitiva, aumentan la atracción material.

En su caída vibratoria, retarda la circulación "etéreo magnética" del periespíritu, degrada la configuración en sentido regresivo hacia la esfera de la animalidad. Allí es donde domina el fluido o energía sustentadora de la lujuria; en consecuencia, el periespíritu del hombre o de la mujer extremadamente libidinosos, pierde mucho de su cualidad y configuración humana, a favor de la vieja figura del animal, que estaba siendo vencida en parte. Es un retroceso "psico" periespiritual culminando en un retardo físico en la forma de licantropía reencarnatoria, cuyos trazos y reacciones humanas traen señales animalescas muy declaradas y puestas de manifiesto.

Pregunta: ¿Qué sucede con el hombre extremadamente lujurioso, en su nueva encarnación, por causa de los perjuicios ocasionados a terceros?

Ramatís: En el caso de tratarse de una entidad extremadamente pecadora por el exceso de lubricidad, cuyo periespíritu vibra en la faja de descontrol emocional y bajo el dominio de la fuerza inferior de la animalidad, ha de modelar en la próxima existencia física un tipo impúdico, donde esa energía inferior predominante debe accionar en su modelación carnal. Comúnmente, no sólo hiere el campo cerebro-periespiritual, sino que modifica las líneas de fuerzas constructoras de la fisonomía humana, y produce tan grave vulnerabilidad psicofísica, que los otros vicios o delitos menores existentes en la intimidad del reencarnado y menos ofensivas, también terminan dinamizando e imponiendo su influencia en una formación anómala, desde el campo neurológico hasta el sistema reproductor, reproduciendo un tipo de aspecto predominantemente lujurioso, imbécil, peligroso o psicópata con características de maldad e impiedad. En estos casos, la Ley permite hasta la impotencia y esterilidad, para evitar la continuidad de un binomio espiritual y físico indeseable. Descontrolado por la sexualidad, minando hasta los poros del cuerpo, impotente y con serias dificultades motrices, es la criatura obscena cuya fisonomía se parece a las características de los animales afines a la lujuria, por causa del pernicioso residual en su periespíritu, por la tortura de no lograr satisfacerse sexual-mente y en una constante irritación y actividad neuromuscular, conducido al delirio y más tarde postración en un cansancio delirante... En la carne, deformada por la configuración grotesca, de aspecto repulsivo, chocante y agresivamente sexual, yace la figura del sediento donjuán.

En verdad, la extensa gama de reparaciones y compromisos en el campo de cualquier acción culpable o dolosa, que Jebe sufrir y redimir cualquier espíritu delincuente, agrava la situación, por las otras circunstancias complementarias y contrarias al bien, como resultado de un sentimiento sensible y fundamental, que hace a los problemas de esos espíritus. En el caso extremo del tarado sexual, se agrava la situación rectificadora, pues en el ejercicio de su actividad equivocada, agrega otros sentimientos: odio, avaricia, gula, alcoholismo, toxicomanía, celos, ira o astucia. El cortejo de energías movilizadas desde el mundo animal termina conformándole la figura semihumana en la próxima encarnación, de modo de expurgar a través del periespíritu sacrificado hacia el medio ambiente, hasta el último alivio posible. ¡Es muy dura la prueba!

***Pregunta:** Por ventura, el espíritu que sufre ese crucial drenaje de energías o toxinas creadas por su descontrol, como*

en el caso del hombre lujurioso, ¿liquida su karma en una sola encarnación?

Ramatís: El proceso de rectificación kármica dura tanto como sea la intensidad del fluido anómalo adherido a la tesitura delicada e hipersensible del periespíritu. Además, como es un proceso técnico sideral, se considera su resistencia biológica al expurgo. Sirve de protección para los tratamientos que deben darle cierto alivio, cuando se exasperen el sufrimiento y el delirio. En algunos casos, hasta llega a interrumpirse, a causa del delirio suicida provocado por la obsesión impiadosa hecha por el adversario de otras épocas, al amparo de entidades vengativas. Se consigue frustrar la existencia física beneficiosa, lanzándolo nuevamente a otra existencia sacrificial para que padezca en el más allá, la ideoplastía consciente de sus actividades delictuosas.

Siendo de esa forma, el alma delincuente tanto puede lograr la normalidad periespiritual, con un completo drenaje mórbido, sin acontecimientos imprevisibles para que su organización carnal resista los impactos destructivos y lesionadores de ese fluido tóxico en exudación, como también puede necesitar dos, tres o más encarnaciones para equilibrar su periespíritu, de acuerdo con la ley.

Pregunta: ¿Qué sucede con las víctimas de los seductores que se vuelcan a la prostitución y que por esa causa, pasan a ser entidades vengativas, pero que no tienen chances de superarse?

Ramatís: Repetimos: La Ley no usa la misma medida para juzgar a todas las almas, así como no hay enfermedades sino enfermos. No existen pecados, pero sí pecadores. El médico, al medicar a un paciente, tiene en cuenta su idiosincrasia y adecúa el tratamiento conforme a sus vicios; en el código sideral, las imprudencias e indisciplinas también son pesadas en la balanza de la justicia, los atenuantes por los bienes sembrados, como los motivos insuperables o negligencia del que ha de ser juzgado. Siendo así, a la mujer que después de seducida y afectada por algún conquistador, acepta el fruto de sus entrañas, ampara y cría a su hijo bastardo, aunque termine desesperada en el lupanar y ante las peores dificultades, sin llegar a destruir el fruto de su vientre, la Ley también la contempla de acuerdo con su merecimiento, que no es poco, ante esas circunstancias bastante difíciles de sobrellevar.

Por otro lado, suele suceder que esa infeliz víctima, arrojada en un prostíbulo, encuentra un esposo afectado por la misma circunstancia, consiguiendo ambos, equilibrarse en sus deberes femeninos y masculinos, ante la Ley. Otros casos vencen el estigma social y adoptan un trabajo modesto, pero sano moralmente, y en su peregrinaje, encuentran el hogar espiritista o la institución caritativa, que les ayudan a sobrepasar el duro trance. Todo lo que es créditos y débitos, ineludiblemente pasa por la justicia mayor.

En una existencia futura, se tienen en consideración sus dotes loables de bondad, humildad, resignación y servicios al prójimo, como motivo para favorecerle una existencia tranquila, por ejemplo, el ingreso en una comunidad religiosa donde pueda activar los valores positivos del espíritu y eliminar de apoco, los factores negativos que contribuyeron a su decadencia anterior, viciosos que entregan nuevas inexpertas al mercado de la prostitución?

Pregunta: La prostitución oficializada bajo un régimen disciplinado por la salud pública, ¿no contribuye a poner traba a los acontecimientos degradantes, como violaciones y dar facilidad para que los prostíbulos reciban mejoras constantes, respecto de las jóvenes desilusionadas por los malos ciudadanos?

Ramatís: El problema es más de esclarecimiento espiritual, definición correcta de los motivos y objetivos del metabolismo sexual, demostración convincente y clara de la función del espíritu encarnado, y de los motivos superiores de su vida en un esfuerzo por una constante liberación del instinto animal. Mientras el hombre busca placeres en las cosas transitorias, efímeras y hasta enfermizas, invierte los valores espirituales en el culto decepcionante de la carne. No es en el prostíbulo oficial o estatal, bajo rigurosa asepsia, donde ha de solucionar ese problema milenario, desafiándolo con la cultura del presente, para una solución lógica y sensata.

El amor libre, la libertad sexual y los experimentos de grupos en la búsqueda de soluciones definitivas para una actividad que es transitoria, jamás podrán ofrecer la solución final. Jesús fue la entidad de mayor capacidad creativa en el mundo, porque se elevó por encima de las contingencias del sexo y de los recursos específicos de procreación, y activó la vida pura y eterna de la humanidad, delineándole el destino glorioso y sublime de felicidad eterna.

Es tan sintomática la precariedad de la necesidad sexual, que los grandes genios y sabios de la humanidad vivían largo tiempo sin sentir las exigencias del instinto animal, pues esa inversión de energía la destinaban a la verdadera vida del espíritu inmortal.

Pregunta: ¿Qué nos decís sobre el uso de la píldora anticonceptiva? ¿No es un recurso censurable, que la juventud aprovecha para abusar de sus relaciones sexuales, exceptuadas de la responsabilidad creativa?

Ramatís: Sin duda, antes que practicar el aborto es mejor la píldora. Además, antes de que las leyes humanas favorezcan tanto a la mujer como al hombre, es preferible que las jóvenes inexpertas eviten el peligro de consumir su vida en un prostíbulo, y sean rechazadas por una sociedad mistificadora, cuyo procedimiento es mantener las puertas cerradas por falsos preconceptos.

Aunque la precaución de la joven soltera no la libera lo suficiente para ser atractivo de los codiciosos sexuales, sin duda que el aborto significa mayor responsabilidad espiritual. Por otra parte, aun así, no se logra eludir a la naturaleza, usando las píldoras. La función ovárica algunas veces funciona, para decepción de la supuesta eficacia de los anticonceptivos. Loable sería que la mujer superara el estímulo sexual erótico, despertando en su intimidad espiritual, los valores definitivos de la vida eterna. Mientras tanto, no se puede exigir que el capullo en crecimiento ofrezca el perfume de la flor adulta; bajo la égida del Amor del Creador, sus hijos van despertando y desarrollando las energías en una creatividad cada vez más sublime y perfecta, hasta alcanzar la definitiva liberación de esa esclavitud, ocasionada por el instinto sexual mal encaminado.

BUSCAD Y ENCONTRARÉIS[33]

Pregunta: ¿Las enseñanzas del Evangelio de Jesús, "Buscad y Encontraréis", poseen algo en su intimidad que las relacione con alguna Ley del Cosmos?

Ramatís: Conforme hemos dicho reiteradas veces y en distintas obras nuestras, todas las enseñanzas de Jesús se relacionan entre sí y convergen en una sola expresión doctrinaria. En su síntesis general, manifiesta en miniatura la ¡Ley de la Creación del Universo!

Por eso, hay una cierta convergencia entre los conceptos del "Buscad y Encontraréis" y otros preceptos evangélicos semejantes como "Ayúdate a ti mismo y el Cielo te ayudará"; "Golpead y se os abrirá" y otros más. En todos esos casos, Jesús os advierte, fundamentalmente, respecto de la necesidad de la acción y trabajo constante del hombre, en sus experimentaciones educativas de la vida física.

El hombre debe promover su ventura por la iniciativa de "buscar" y saber vivir el motivo básico de la vida espiritual, más allá de las necesidades comunes e instintivas, como son el alimento, la satisfacción sexual, sus necesidades fisiológicas y el descanso físico. Esos fenómenos instintivos, la naturaleza se encarga de promoverlos en el momento propicio. En su exhortación, Jesús invita al hombre a "buscar" el camino de su per-

[33] La Editorial Conocimiento, que ha tomado a cargo reproducir las obras completas del Maestro Ramatís, tiene la satisfacción de ofrecer a los lectores Ramatisianos y adeptos al Maestro, un capítulo inédito que, por motivos ajenos, sólo lo Alto podría explicar. Ese capítulo no se incluyó en la obra ***El Evangelio a la Luz del Cosmos*** pues se lo encontró entre los borradores del presente libro. Por eso, creemos oportuno darlo a conocer, seguros de haber cumplido rigurosamente con nuestro deber de publicarlo en esta obra póstuma.

fección, accionando por la liberación tácita e íntima de mejorar y progresar. En la vida instintiva, las necesidades del cuerpo se suceden ininterrumpidamente y sin necesidad de control alguno; no obstante, las necesidades del espíritu, se manifiestan tanto como es el progreso que realiza en medio de la mediocridad de la existencia material. El hombre no debe entregarse a la vida animal exclusivamente, pues le sucederá como al carbón bruto, que espera el fatalismo de transformarse en brillante, bajo la acción compulsoria de la herramienta del orfebre.

También es cierto que, además de proveerse de los alimentos materiales para el físico, existe imperiosamente la necesidad de nutrirse espiritualmente.

Es comprensivo y loable que el hombre se aleje de la vida salvaje y sufra la transmutación para la vida civilizada, pero que "busque" también su promoción espiritual, para integrarse lo más pronto posible a la vida angélica.

En consecuencia, ese principio evangélico de Jesús incentiva la "búsqueda" del hombre a fin de alcanzar las condiciones de la vida superior, además de los simples atavismos de la acción instintiva y algo cómoda de la vida física. La misma Ley Cósmica e Inmutable que plasma los orbes, sistemas solares y galaxias, apura la contextura sólida e impulsa al mineral, para la estructura del vegetal, el reino vegetal para la formación animal y el animal, para constituirse futuramente en la figura humana, pero también acciona ocultamente en la intimidad del hombre y lo impulsa a ajustarse a la configuración definitiva del venturoso ángel.

Pregunta:¿Nos podríais exponer algún concepto científico del Cosmos, paralelo con el concepto;"Buscad y Encontraréis", debido a que es un código moral y espiritual?

Ramatís: Lo que el Cristo sugiere a través del "Buscad y Encontraréis", aunque se refiera a una iniciativa de orden moral y algo mística del espíritu, implica la idea de "investigar", porque "buscar" o procurar, siempre es indagar para encontrar. La legislación divina impulsa intuitivamente al espíritu encarnado, para que se interese constantemente en la "búsqueda" de su realidad espiritual, a pesar de que deba atender, disciplinadamente, las exigencias justas de su organismo físico. Además de otras revelaciones ocultas que la humanidad terrícola irá identificando cuando haya un desarrollo "mental espiritual avanzado" del hombre, el concepto "Buscad y Encontraréis" es una secuencia en miniatura de la Ley del Universo, que impulsa a toda la creación hacia el progreso y perfeccionamiento.

A medida que el hombre conoce y distingue los elementos fundamentales y responsables por la estructura de las formas físicas del mundo, sirviéndose de los recursos técnicos y científicos, se aproxima cada vez más a la acción creativa de Dios. Ese es el motivo por el cual la Ciencia humana debe respetarse, pues ella también es la miniatura de la Ciencia Cósmica y Divina. El equívoco censurable se produce cuando los científicos sobreestiman sus propias iniciativas y desconocen la presencia de Dios. Muchos de los profesionales que trabajan en los laboratorios olvidan que ellos sólo "descubren" aquello que Dios había creado anteriormente, y que sus triunfos apenas son productos de las leyes y pensamientos que rigen el Universo.

Bajo el concepto "Buscad y Encontraréis", Jesús deja que el hombre perciba que ha de encontrar lo que busca, porque eso existe antes de que se individualice espiritualmente, como creación anticipada y manifestada por el Creador. Y quien sea perseverante y confiado, también ha de encontrar, aunque dilate el tiempo en encontrar esa Verdad o Bien Espiritual que "busca", porque desde el inicio, vibra bajo mejor frecuencia sideral. La invitación sutil de la Divinidad, oculta bajo el precepto de "Buscad y Encontraréis", es para que el hombre busque, aun a través de la ciencia del mundo, la autenticidad de la Vida.

Pero, que no se deslumbre ante los descubrimientos extemporáneos, pues no son nada más que los simples "encontrados" de aquello que Dios había creado. No se exalte el hombre, porque consiguió descender en la Luna, porque aún no logró penetrar un solo centímetro dentro de su alma. Ni se enorgullezca el científico, por lograr mover gigantescos aviones a través del control automático, si todavía no aprendió a dirigir su propia alma en paz en el seno de la familia. Buscando por los caminos de la ciencia y de la técnica de la Tierra, también "encontraréis", si estuviereis liberados de la tonta vanidad y del orgullo por los cuales el hombre se juzga más importante y sabio que su propio Creador.

Pregunta: ¿Por qué Jesús recomendaba el precepto "Buscad y Encontraréis", mientras que en otro precepto aseguraba que "pidiendo, se recibiría"? En fin, ¿cuál es el contenido más exacto;"Pedir y recibir, o buscar y encontrar"?

Ramatís: Bajo el punto exclusivamente moral, ese doble concepto parece algo contradictorio y de efecto doctrinario opuesto. En realidad, existe un sentido de disciplina y orden en sus términos, pues es más sensato y lógico para el hombre "pedir" y después "buscar", como prioridad fundamental para moverse amparado por la Ley Divina. Es de sentido común, que nadie comienza a buscar en forma imprevista, sin antes tener una apreciación mental previa, para alcanzar algo o cumplir con cierto objetivo. Siempre debe existir un deseo preliminar, una preferencia o hasta una simple curiosidad, como fundamento o "motivación", para que la criatura se mueva en cualquier búsqueda física, moral o espiritual.

Será un hombre alucinado o insensato, quien toma una iniciativa sin reflexionar primero, sin antes tener un motivo o propósito establecido.

En base a las enseñanzas de Jesús que todavía parecen ser prematuras para la comprensión de la civilización, aun primaria, como es la terrícola, de ahí que algunos exegetas maliciosos y especuladores encuentren en el contenido evangélico, motivos para extraer ilaciones o conclusiones negativas. El Divino Maestro resguardó bajo la vestidura de las parábolas, ciertos esclarecimientos esotéricos avanzados e incomprensibles para su época, los que después de algunos siglos o milenios deben entenderse en su contenido exacto y oculto. Además, es el mismo Jesús quien anunció, que "¡No se debe arrojar perlas a los cerdos!". Aunque la simplicidad y la evidencia moral del Evangelio del Cristo sea suficiente para garantizar la sensata aplicación de su contenido salvador, sin embargo, a través del tiempo, los hombres todavía no pudieron entender y comprobar que el Evangelio es la delicada miniatura de la verdadera Ciencia del Cosmos.

El "pedir", bajo la palabra de Jesús, no consiste simplemente en el acto principal: que la criatura solicite alguna cosa. Es de suma importancia, que primero lo decida en conciencia, respecto de la naturaleza superior o inferior de lo que pide. Quien no sabe lo que pide, puede pedir en forma insensata e irresponsable.

Al pedir, en cualquier plano de la vida mental, física o espiritual, expresa una actitud compatible con su entendimiento íntimo o buen sentido; pero no basta pedir, sino que es necesario saber pedir. Por eso, al hombre que pide en forma irregular, censurable y hasta en sentido destructivo, la Ley le dice que "se os dará", es decir, confirma que posee el libre albedrío de pedir lo que desea. Pero como el concepto evangélico es muy claro en explicar que "pidiendo recibiréis", el hombre debe saber cómo hacerlo en cualquier condición de su vida, porque es muy interesante tener presente, que "la siembra es libre" pero la "cosecha obligatoria". Por eso, Jesús advierte que el hombre será juzgado "según sus obras".

Bajo ese aspecto, el Maestro Divino define el entendimiento del hombre terreno, que el mal o el bien es el producto de su actitud y condición humana, pues tanto puede pedir lo cierto como lo errado, y siempre será atendido por la Ley. Dios es Amor absoluto e incondicional y atiende cualquier pedido, sin hacer distinción o restricción entre sus hijos. Es algo parecido o semejante al padre amoroso, que llega a aminorar los equívocos de sus hijos, para no frustrarlos en su vida humana.

Pregunta:* *¿Cuál es el vínculo o eslabón entre los conceptos "pedid y recibiréis" y "buscad y encontraréis"?

Ramatís: Primero, el hombre debe saber qué es lo que quiere, y después buscar lo que desea. En el curso de esa acción, se observa un proceso en un ritmo coherente y disciplinado, es un criterio que converge hacia la conclusión lógica de "recibir" o "encontrar". Todo cuanto sucede en la vida, el orden y el ritmo son partes o secuencias de cualquier proceso, en cualquier plano de la vida material o del reino divino, a fin de mantener el equilibrio y la armonía del Cosmos.

A pesar de los conceptos negativos, en el mundo físico predomina una disciplina que se podría configurar como un "ritual"... No se trata de formalismos o apegos a las ceremonias religiosas, sino solamente al orden o sucesión regular de cada cosa activada o actuando a su debido tiempo y frecuencia. Lo mismo en la creación del mundo: se percibe el ritmo o un orden que impera por etapas sucesivas y graduales, pues Dios sólo creó las aves y los animales, después que creó el Cielo y la Tierra, y dio vida al hombre, después de poblar el mundo con los seres inferiores. Siendo así, existe un ritmo o un orden, pues debe haber un sentido sensato: primero se ha de "pedir", para después "recibir". Es un ritual simple e indispensable que el hombre, primero quite sus zapatos, para luego quitarse las medias. La simple operación de quitarse las medias exige, "ritualísticamente" la movilización del primer acto, en que antes debe descalzarse, como etapa o secuencia del proceso.

No hay ninguna duda acerca de que nadie pide lo que no necesita. Al pedir, el hombre indica lo que desea y considera que es lo mejor para sí, y la Divinidad le concede el permiso para conseguir ese deseo. Aun, le queda el derecho de escoger el "objeto" que desea y hacer de su uso lo que le conviene. Por lo tanto, entre "pedir" y "recibir" y "buscad y encontraréis", existe un vínculo o eslabón ritualístico, donde por disciplina y sucesión de los hechos, ninguno "busca" lo que no sabe ni pide lo que no desea.

Pregunta: Respecto del complemento evangélico que dice: "Buscad y encontraréis", y "Golpead y se os abrirá", ¿cuál es vuestra opinión?

Ramatís: Tal concepto debe contemplarse en dos fundamentos principales de la Ley del Cosmos, en donde todo acto violento o equivocado, siempre contraria el ritmo pacífico, disciplinado y coherente de la pulsación armoniosa de la Vida. El hombre, en el acto de "pedir", manifiesta lo que quiere, y en el "buscad y encontraréis", después del permiso divino, realiza su intención. El formular el deseo e iniciar la búsqueda, no debe violentar el ritmo pacífico de la vida espiritual, siendo responsable por la perturbación o daños sembrados en el "pedir" y "encontrar" irregularmente. Es de Ley, que la acción movida por el deseo egocéntrico y violento puede destruir el objeto deseado, al exigir que alguien, prematuramente, no haga justicia a lo solicitado o no tenga preparación para usufructuarlo. ¿Cuántas criaturas existen a quienes súbitamente les adviene la fortuna, proporcionándoles caminos peligrosos para su espíritu inmaduro e indisciplinado, que después les ocasionan sufrimientos en el más allá? Quien ejerce por la fuerza una acción, derrumba la puerta, en el simbolismo de la parábola de Jesús; pero quien golpea, indica que solicita, y es digno de recibir la concesión divina, porque se ajusta al ritmo pacífico, ritual y gradual, sin oponerse violentamente a la Ley. Por eso dice el precepto: 'Todo aquel que pide, recibe; quien busca encuentra; y a quien golpea la puerta, esta se le abre". Pero hay quien por orgullo o resentimiento no pide y juzga tener derechos personales para ser atendido de inmediato y con cierta exclusividad, dominado por el egoísmo, y no desea verse contrariado en sus exigencias. Por eso, nunca golpean la puerta cerrada, cuando buscan, pero exigen que las puertas se abran a su absoluto favor. Es como quien cierra los ojos ante la luz solar, dejando de ver la luz en su constante irradiación. Cuanto más el hombre llama en la búsqueda sincera, despierta en sí mismo una condición favorable para la receptividad espiritual. Es de sentido común que las puertas fueron hechas para permanecer cerradas e impedir la entrada a todo lo ajeno e imprevisto. En cuanto a esto, aun Jesús es bien claro al prevenir que la violencia prematura del hombre, pretendiendo invadir el recinto espiritual, sin la debida preparación, puede causarle resultados indeseables. Muchos hay que buscan la conversión por medio de la violencia, a través del fenómeno precoz y terminan heridos con decepcionantes frustraciones y profundas cicatrices. En verdad, el hombre necesita trabajar constantemente en su realización espiritual, seguro de que todo dependerá exclusivamente de sí mismo y de su trabajo. Jesús fue muy explícito, al aconsejar al hombre que, "llamando a la puerta", se le "abriría", porque se conjuga su estado de hipersensibilidad, capaz de indicarle el camino seguro hacia la Vida Inmortal. Dios jamás deja de atender al hijo sensato, humilde y trabajador, que no discrepa con la armonía de la vida espiritual y no violenta el equilibrio natural de la Ley. El hombre necesita dejar de exigir aquello a lo que no tiene derecho, y desistir de violentar lo que aún es prematuro para su poder humano y para su capacidad espiritual.

EPÍLOGO

Hasta aquí han sido agrupadas y preparadas las enseñanzas recibidas por el hermano Hercilio Maes, dictadas por el Maestro Ramatís. Deseamos a los lectores Ramatisianos, que les sean propicias para su cultura y desarrollo espiritual.

No obstante, el Maestro sigue prodigando enseñanzas, incansablemente, como ya es su característica. Es el caso de la hermana, la Dra. América Paoliello Marques, que también fue una dúctil receptora en el orden científico y espiritual.

Como bien saben los estudiosos reencarnacionistas, los planes fueron trazados hace milenios y, en el caso particular de Ramatís, reiteramos, que preparó adeptos y discípulos que, oportunamente y en distintas edades, marcaron etapas de evolución para la humanidad, siempre bajo la égida de ese maravilloso Maestro de Sabiduría.

Dicho esto, es fácil concebir que, cuando cada uno cumpla en la Tierra la parte que le cupo por asignación en ese plan humanístico y milenario, aún no habrá llegado al final, pues todavía hay mucho que esperar de ese Maestro, que prometió al Director del Planeta, Jesús, continuar hasta completar ese plan estatuido en las Esferas Superiores, entre Oriente y Occidente.

Ahora comenzó la etapa de los libros elaborados por América y todavía podría esperarse la intervención de algún otro médium que estuviera asignado a ese plan milenario. Cada tiempo trae nuevas y elevadas lecciones de vida material y espiritual y corresponde a todos los designados que pasen el examen del "fin de los tiempos", esperar esas sublimes enseñanzas, acordes con la nueva humanidad del Tercer Milenio.

Estar preparados es acogerse al Evangelio de Jesús y vivirlo lo mejor posible, pues los obreros de última hora, serán exigidos ahora. La hora de transición está siendo vivida, junto al planeta, que también será promovido como "Planeta de Regeneración", perdiendo la antigua estructura y menor grado sideral de haber sido "Planeta de Expiación y Prueba".

Aquellos que todavía no comprendieron la responsabilidad material y espiritual de la hora y desconfían de todos los avisos ofrecidos por diversos canales y medios, sepan que a nadie se le obliga a trabajar ignorando la causa de ese trabajo.

Pero se deberá tener presente que el llamado de la hora está latente en todo el orbe y casi todo el mundo se pregunta, ¿la crisis de este fin de siglo debe tener algún antecedente? Por supuesto, ahí esta la sacrosanta verdad, y ella comenzó cuando la Plana Mayor envió a la Tierra, como excelso mensajero, a Jesús.

Resumió todas las leyes menores en una sola y vertical; la LEY DEL AMOR. Quien se acoge a ella y la practica, nada deberá temer, pues se sabe que el temor a perder la vida material es para aquellos que hicieron caso omiso de las enseñanzas recibidas hace dos milenios.

Ahora, en la etapa final del ciclo terrestre, al ser elevado próximamente a un grado superior, para el Tercer Milenio, las almas afines con el Amor Crístico —que es lo mismo que Cristificarse— no poseen dudas del trabajo que les toca a los obreros de la última hora, pues no se necesita más que trabajar por el Amor a Dios, al Cristo y al Maestro que le asignaron para promover su estado espiritual.

Mi humilde deseo es que cada uno cumpla con lo que manda su camino interior realizado y la Cristificación aludida anteriormente, no necesitando ningún certificado que lo confirme. Lo más natural es poner el corazón, la voluntad y el Amor en la obra que le toque realizar a cada uno, desde su puesto de trabajo. ¡Que así sea!

Manuel Valverde